ÉTUDES

sur

LES TRAITÉS DE COMMERCE.

Le droit des gens a été fondé en Europe principalement par les traités de paix de Westphalie, des Pyrénées, de Nimègue, de Ryswick, d'Utrecht, de Vienne, d'Aix-la-Chapelle, etc. Les traités antérieurs à ceux d'Osnabrück et de Münster n'ont plus aujourd'hui d'importance sérieuse pour l'étude du droit des gens et des rapports internationaux, à moins qu'on ne se place au point de vue historique, pour les considérer dans leurs relations avec les événements dont ils ont été la conséquence et le dénoûment. Dans le droit des gens qui s'est ainsi successivement développé, quoique basé sur des faits, il faut néanmoins admettre l'infiltration des idées théoriques, qui elles-mêmes prennent leur source dans les principes généraux du droit naturel.

Dans un temps où l'on n'avait que des notions incomplètes sur l'accroissement des richesses publiques, où certains éléments de la prospérité étaient totalement ignorés, et où enfin on croyait que la puissance d'un État ne se développait que par les armes et la conquête, on ne s'occupait que médiocrement, dans les traités de paix, des relations commerciales de peuple à peuple. Ces intérêts-là étaient généralement relégués sur le second plan ; souvent ils étaient méconnus et même abandonnés. Comment en effet, après de longues et sanglantes luttes, stipuler pour le commerce, quand ce commerce n'existait plus, et quand des rapports naissants étaient étouffés dans leur germe? Aussi, dans les traités de paix que nous avons cités, les intérêts commerciaux n'occupent qu'un rang subordonné, et celui d'Utrecht est le seul qui porte le titre de traité de paix et de *commerce*. Ce n'est cependant pas à dire que, durant la période où le droit des gens s'est laborieusement dégagé des empreintes et des traditions féodales, le commerce n'ait donné lieu à aucune transaction diplomatique spéciale. On trouve un certain nombre de traités qui règlent les intérêts mercantiles de plusieurs peuples de l'Europe. Mais ces stipulations sont toujours restées dans les limites étroites des convenances du moment; elles n'étaient fondées sur aucun principe généralement reconnu, sur aucune théorie qui eût de l'affinité avec celle que le droit des gens commençait à revêtir. Ces traités ne faisaient ordinairement qu'atténuer les effets désastreux des mesures fiscales, des monopoles et des priviléges, ou ils créaient à leur tour des monopoles et des priviléges, et donnaient peut-être une sécurité que, sans eux, on n'aurait pas pu obtenir. Mais, encore une fois, il n'y avait rien dans tout cela qui aurait pu offrir les bases d'un droit public commercial; ce n'est que beaucoup plus tard que des traités de cette nature ont conduit à la fixation de quelques principes en matière de commerce extérieur et de navigation, principes qui ont été admis par la plupart des peuples civilisés. Mais cet assentiment universel a eu beaucoup de peine à s'introduire et à prendre rang parmi les préceptes du droit public, et aujourd'hui encore, plusieurs questions fort importantes se rattachant au commerce international sont indécises, ou diversement interprétées dans la pratique.

Le droit commercial proprement dit existait déjà chez certains peuples de l'antiquité, mais il était plus particulièrement destiné à régler les rapports intérieurs. Pour le commerce extérieur, les mesures étaient arbitraires; chaque État créait, dans son intérêt bien ou mal entendu, des usages, s'en référait aux traditions, et les précédents même n'avaient pas toujours une grande autorité dans les transactions mercantiles ou dans les décisions à intervenir dans les questions litigieuses. La *lex Rhodia de jactu* paraît avoir reçu quelques applications chez les Romains; cependant la loi civile leur suffisait dans la plupart des cas pour résoudre les difficultés. Cette loi, d'ailleurs, comme celles qui se produisirent plus tard en Italie, avait un but spécial et déterminé. Elle ne recevait son application que dans l'intérêt des nations qui l'avaient mise en vigueur. A une époque où le droit des gens n'était point encore déduit de la loi naturelle, on ne devait même pas songer à donner à de semblables institutions un caractère d'universalité en les fon-

dant sur autre chose que sur un intérêt local et souvent passager.
Le recueil intitulé *Consolato del mare*, les *Tables amalfitaines*,
le *Legisterium Sueciæ*, la *Collection de Wisby*, les *Coutumes
d'Oléron*, la *Justitia lubecensis*, et beaucoup d'autres monu-
ments postérieurs sur le droit maritime et commercial, avaient
un but analogue, tout en contenant des règles assez nombreuses relatives au commerce international et au mouvement maritime des peuples. Ces règles marquent l'origine d'une sorte
de droit commercial en Europe ; elles favorisèrent aussi la conclusion de quelques traités de commerce, qui devinrent à leur
tour un moyen de corroborer et de développer ce droit. Il est
vrai que dans ces transactions le fait dominait invariablement,
et les stipulations de cette nature n'avaient ni une base fixe, ni des
principes généralement admis. Les traités de commerce ont de
tout temps été des actes d'exclusion ; en concédant des avantages à une nation, il fallait frustrer les autres peuples de ces
mêmes avantages, restreindre les relations avec plusieurs pour
les cimenter avec un seul, créer des monopoles et des priviléges
au détriment de la masse, et se soumettre enfin très-fréquem-
ment aux circonstances du moment. L'organisation économique de chaque pays excluait d'ailleurs l'uniformité dans la
rédaction des traités de commerce, et ce n'est guère que sur
les points qui tenaient essentiellement à la sûreté des transactions qu'on est parvenu peu à peu à établir des règles commu-
nes. Cette même organisation fera que pour longtemps encore
les traités de commerce seront une nécessité. Ils marquent la
transition entre une situation arbitraire et souvent violente, et
le règne d'un droit public commercial où il y aura unité de
principes dans presque toutes les questions qui se rattachent
à la navigation maritime et au négoce étranger. On a fait, dans
le siècle dernier, des pas rapides vers un pareil état de choses,
et l'époque actuelle, qui consacre pour ainsi dire l'empire du
commerce et de l'industrie, contribuera à cet heureux dénoûment.

Il est à la fois curieux et instructif de passer en revue les
nombreuses vicissitudes avec lesquelles le commerce extérieur
des nations actives et entreprenantes a eu à lutter, de voir
combien il a dû surmonter d'obstacles pour conquérir une existence stable dans le monde, et arriver enfin à cette puissance et
à ce prodigieux développement que nous lui voyons aujour-

d'hui. L'étude des traités nous révèle jusqu'à un certain point les phases laborieuses traversées par le commerce, ses luttes incessantes, et cette indestructible vitalité qui lui est définitivement acquise.

Les traités de commerce ont été précédés par l'octroi de priviléges, par des immunités et des avantages accordés à des individus ou à des corporations. On trouve des traces de ces priviléges même dans l'époque barbare antérieure aux croisades, et naturellement dans le temps où le contrat synallagmatique entre les souverains, pour de semblables objets, n'était point encore connu. Mais dans ces temps la rançon était presque toujours le corollaire du privilége. Le commerce extérieur n'existait qu'à l'état d'exception; on n'en connaissait ni les ressorts ni les résultats, et il ne se faisait en général que par quelques hardis aventuriers.

Longtemps avant les croisades, le commerce avec l'Orient avait à lutter contre les tendances, et souvent aussi contre l'avidité des papes et de l'Eglise. En 820, Léon V força les Vénitiens de renoncer à toute relation avec les infidèles, et il était défendu aux habitants de la Cité de passer en Egypte ou en Syrie. Cette défense sans doute ne fut pas rigoureusement observée, pas plus que l'ordre émané de Don Jean Ier en 972, et confirmé par le pape qui défendait aux Vénitiens, sous peine d'une amende de cent livres d'or, de vendre aux Sarrasins des bois de construction, des armes, des planches, etc. Le troisième concile de Saint-Jean de Latran renouvela inutilement la défense en 1179. Les marchands de Barcelone surtout ne tinrent aucun compte de ces divers décrets, et le roi Jacques Ier fit, en 1250, publiquement un *traité de commerce* avec le soudan d'Egypte par l'intermédiaire de ses envoyés Ramon Ricart et Bernardo Porter. L'histoire des infractions continuelles et des défenses aussi continuellement renouvelées présente une lutte curieuse entre les papes et les peuples qui alors trafiquaient avec l'Egypte et la Syrie. Les pontifes Clément V et Jean XXII furent plus rigoureux que leurs prédécesseurs; mais ils se réservèrent de vendre des licences, et le dernier envoya même des ambassadeurs avec de riches présents à Alexandrie, à l'effet d'obtenir certains priviléges pour les chrétiens établis dans cette ville, et avec l'offre d'accorder aux musulmans qui se trouveraient dans les pays francs les mêmes prérogatives. Les

Vénitiens et les Génois profitèrent particulièrement des licences ou pour mieux dire des *indulgences* que les papes vendirent à des sommes souvent exorbitantes. Lorsque Nicolas Zeno, envoyé de Venise, conclut un traité de commerce avec le soudan, Clément VI ne refusa pas de le ratifier, en en limitant les effets à cinq ans, et moyennant une somme fort élevée. Son successeur, Innocent VI, consentit à une prolongation en exigeant 9,000 ducats, que les Vénitiens payèrent sans difficulté. Pierre IV, roi d'Aragon, fut moins soumis; il se moqua du pape, et vendit les licences pour son propre compte, après avoir conclu, en 1386, un traité avec le soudan Barkouk Daher [1].

Les souverains musulmans facilitèrent au contraire souvent le commerce avec les Francs. Il y avait en Égypte, pendant tout le moyen âge, trois ports qui étaient spécialement fréquentés par les Européens : Alexandrie, Damiette, et le Caire dans l'intérieur. Alexandrie servait d'entrepôt aux marchandises de l'Inde; Aden était un second point intermédiaire que les navires indiens ne dépassaient jamais. Immédiatement après la première croisade, Constantinople acquit une grande importance commerciale. Les Vénitiens obtinrent dans cette capitale un quartier pour y établir leurs magasins, et une corporation avec des agents consulaires. Les Pisans, les Amalfitains, les Génois et les Barcelonais, ne tardèrent pas à se placer dans des conditions analogues. En Syrie, les Vénitiens occupaient le tiers de la ville de Ptolémaïde, le second tiers appartenait aux Génois, et le troisième tiers était habité par d'autres Italiens et par les indigènes. En raison des interdits dont les papes frappaient le commerce avec les Ottomans, on avait aussi cherché, dans les relations avec l'Orient, à éviter leur territoire, et cela donna lieu à des traités et à des établissements consulaires. Depuis longtemps des caravanes remontaient l'Indus et allaient dans la grande Boukharie; de là elles se rendaient sur la mer Caspienne pour atteindre ensuite le Volga et Astrakan. Lorsqu'on abandonna cette route commerciale, les Vénitiens et les Génois conclurent, en 1333 et 1347, des traités avec les khans mogols de Kaptchak et les Usbecks. En vertu du premier, ils payèrent un droit de transit de 3 pour 100 de la valeur, et par le second de 5 pour 100. Ils avaient ensuite à l'embouchure du Don, à Tana (Azow), des entrepôts pour la sécurité

<hr>

[1] Hüllmann, *Staedtewesen der Mittelalters*, volume I, page 103.

desquels ils avaient obtenu, dès la fin du douzième siècle, plusieurs priviléges. Cependant cette route ne fut pas la seule; on établit aussi la navigation sur le golfe Persique; on remonta le Tigre, et l'on transporta ensuite les marchandises sur des bêtes de somme jusqu'à Tauris, où les Vénitiens avaient de grands entrepôts sous la protection des souverains mogols; de Tauris les marchandises se dirigeaient vers l'Asie Mineure, dans les ports de la mer Noire, et particulièrement à Trébizonde et à Erzeroum. Une autre ligne, qui avait pour point de départ Tauris, se dirigeait vers Lajazzo, dans l'Arménie occidentale, sur la frontière de la Cilicie. Outre les Vénitiens, les Génois, les Siciliens et la maison florentine Bardi, qui avaient dans cette ville des entrepôts, les Pisans, les Marseillais et les Barcelonais y firent aussi des affaires considérables. Dans la Caramanie, quoique ce pays appartînt aux Turcs, les Génois obtinrent, en 1201 et en 1215, un quartier spécial avec une église et une juridiction propre. En 1219, Venise fit un *traité de commerce* et de navigation avec le sultan Saladin; et douze ans plus tard elle fit une semblable transaction avec le sultan d'Alep, moyennant un droit de 10 pour 100 pour toutes les marchandises qui passeraient par cette ville. Il y eut, surtout dans les ports de la Méditerranée, de nombreux exemples de comptoirs dont les possesseurs avaient une juridiction propre. Les Génois jouissaient même, dans la plupart des ports de la Provence, d'une prépondérance marquée. D'un autre côté, ils avaient obtenu, pour l'appui donné aux Gibelins, un très-grand privilége de l'empereur Frédéric Ier : ils se servaient, dans tous les ports de mer où ils avaient des comptoirs, des poids et mesures de leur ville natale. A Naples, leurs magasins étaient désignés par le nom d'*apothicaireries*, et les marchands en gros eux-mêmes, par celui d'*apothicaires*. Toutes ces immunités et ces titres ne s'obtenaient que par des transactions qui variaient dans les termes et dans les conditions [1].

Pendant que le commerce cherchait ainsi à s'organiser dans la partie méridionale de l'Europe, un mouvement analogue se manifesta dans les ports de mer du Nord; il prit naissance entre le Weser et la Duna. Ici encore le christianisme fraya le chemin au commerce et à l'industrie, et sous son égide s'é-

[1] Hüllmann, *Staedtewesen der Mittelalters*, volume I, page 126.

levèrent une foule de villes florissantes qui devinrent plus tard le principal élément de la Hanse germanique. On vit alors Lubeck, Dantzick (Gedaniz), Brême, Cologne, Dordrecht, Anvers, Bruges, prospérer rapidement. Ces deux dernières villes devinrent les entrepôts et les points d'échange du commerce hanséatique et de celui du Midi. Cologne était le pivot entre la Hanse et l'Angleterre, et eut de fréquentes relations avec Londres, Exeter, Winchester, Durham, Worcester et Glocester. Les marchands de Cologne avaient leurs magasins principaux à Londres, où on leur conféra, dans le treizième siècle, de nombreux priviléges : leur quartier fut appelé Hanse-de-Cologne. Vers la même époque, il s'établit également une Hanse de Lubeck à Londres ; elle fit principalement les affaires du littoral de la Baltique, pendant que celle de Cologne s'emparait de la mer Germanique. Plus tard il y eut une fusion entre ces deux Hanses. Ce genre d'associations se trouve au reste dans plusieurs contrées. Il y avait déjà à la fin du douzième siècle, en Angleterre, les Hanses de Hereford, Dunwich et York, auxquelles on avait conféré de notables priviléges. On trouve aussi dans ce temps la Hanse de Paris, et par suite les *Burgenses Hansati*. Dans plusieurs villes d'Allemagne, telles que Middelburg, Regensburg (Ratisbonne), Vienne, etc., on trouve même la dignité de comte de la Hanse. Ces comtes de la Hanse accompagnaient souvent les marchands aux grandes foires annuelles pour y défendre leurs droits, et leurs attributions avaient beaucoup d'affinité avec celles des *Telonarii* établis à Barcelone sous la domination des Visigoths en Espagne. Le comte de la Hanse, le Telonarius et le consul avaient probablement les mêmes attributions, et se confondaient souvent dans la même personne. C'était une institution cosmopolite qui donnait déjà, à cette époque, au commerce international un certain caractère d'universalité, et qui devint aussi la base de ces puissantes associations commerciales parmi lesquelles la ligue hanséatique occupe le premier rang. Celle-ci obtint dans plusieurs pays des priviléges, c'est-à-dire la faculté de vendre et d'acheter, la liberté d'exporter les produits indigènes et d'importer des marchandises étrangères sous des droits modérés et quelquefois en pleine franchise ; la permission d'établir des magasins, des églises, des hôpitaux, et d'avoir une juridiction particulière. Le pavillon de la ligue hanséatique avait sa sphère d'activité sur toute la côte septentrionale et occidentale de l'Europe, depuis Wisby et Nowgorod jusqu'à Londres et à Lisbonne.

A une époque où les voyages et le transport des marchandises étaient entourés de nombreux périls, où la confiance n'existait pas, le commerce ne pouvait être organisé comme de nos jours. Les ventes et les achats par commission n'existaient pas, et le marchand était forcé d'accompagner lui-même ses produits ou de donner cette mission à un homme de confiance. En France, en Allemagne et dans les Pays-Bas la multiplicité des territoires du moyen âge devenait un obstacle incessant pour le marchand voyageur; il était accablé par terre et par eau de péages et de droits qu'on appelait *muta, mota, mauth*. Indépendamment de cela, il avait à se défendre des brigandages qui s'exerçaient sur les routes, et des exactions que les seigneurs lui faisaient subir. Car ceux-ci, sous prétexte de le protéger contre les voleurs de grand chemin, lui imposaient des escortes qui se livraient elles-mêmes à des rapines et au pillage. C'est vers le milieu du treizième siècle surtout que le brigandage devint intolérable. Quand enfin le marchand arrivait au lieu de sa destination, il subissait de nouvelles vexations par le régime des *cautions forcées*, et l'Allemagne du moyen âge fournit sous ce rapport des exemples d'un déplorable désordre. Tous les habitants d'une ville devenaient forcément solidaires lorsqu'un de leurs concitoyens n'acquittait pas ses dettes, et leurs marchandises étaient saisies en traversant la cité du créancier. Pour détruire ces abus, plusieurs villes d'Allemagne prirent des mesures réciproques et conclurent des traités : Strasbourg et Spire, Cologne et Utrecht, Cologne et Brême, Hanovre et Brême entre autres. Les associations des Pays-Bas obtinrent des garanties des princes indigènes d'abord, et ensuite des souverains étrangers. Ces garanties coûtaient des sommes considérables, et souvent elles étaient insuffisantes. Ainsi, par exemple, on enleva en 1377, à Calais, les marchandises des trafiquants de Stafford, Hereford, Bristol, Glocester, sous prétexte que d'autres Anglais avaient laissé des dettes. De semblables abus eurent également lieu en Angleterre, dans le midi de la France, en Catalogne, dans le centre de l'Allemagne, et ce n'est que peu à peu qu'une législation sévère parvint à les détruire[1].

----

[1] Hüllmann, *Staedtewesen der Mittelalters*, volume I, pages 111 et suiv.

Une des industries qui ont le plus contribué à développer le commerce pendant le treizième et le quatorzième siècle, est celle des tissus de laine. On les fabriquait dans les Pays-Bas, à Bruges, Bruxelles et Gand; ils s'exportaient en Angleterre, dans le nord de l'Allemagne principalement pour l'ordre Teutonique, en France, en Italie, dans le Levant. De là cette industrie se porta aussi en Saxe, sur le Rhin, sur le Danube, dans le nord de la France, en Angleterre, pays qui fournissaient les plus grandes masses de laine aux tisserands des Pays-Bas, et enfin en Espagne, en Suisse et en Italie. A cette industrie qui alimentait le commerce international se rangeait naturellement le négoce des laines et des matières tinctoriales. La fabrication des toiles de lin, considérée du point de vue d'un commerce étendu, prend également son origine dans les Flandres et dans les Pays-Bas. Plus tard, on trouve cette fabrication perfectionnée dans les villes anglaises de Londres, d'Oxford, de Nottingham, d'York, de Winchester, etc.; puis en France, à Arras, à Valenciennes, d'où elle se propagea vers les bords de la Vistule, et ensuite vers la Saxe, la Bohême et la Silésie. Enfin le travail des métaux donna aussi lieu à un commerce et à des transports considérables.

Ce mouvement provoqua nécessairement de nouvelles institutions, des traités, et ceux-ci amenèrent une plus grande sécurité dans le transport des marchandises sur les principales voies commerciales de l'Europe. Mais les garanties accordées successivement au négoce n'étaient que très-rarement le résultat de traités conclus entre des souverains. Le plus ordinairement des associations ou de puissantes maisons de commerce obtenaient des priviléges dans les pays où elles trafiquaient. On n'établissait aucune réciprocité, et ces faveurs étaient toujours compensées par l'acquittement de certains droits et par des sacrifices pécuniaires. Le morcellement du territoire et les formes féodales du moyen âge multipliaient ces sacrifices à l'infini; et quand une denrée ou une marchandise avait traversé une des principales routes commerciales de terre ferme, elle avait, après avoir échappé à mille dangers, décuplé de valeur. Les rivalités existaient alors comme aujourd'hui, et souvent elles devenaient dangereuses pour l'un ou l'autre des compétiteurs. Les princes, pour se procurer de l'argent, prenaient les décisions les plus contraires, et favorisaient presque toujours l'association ou le marchand qui consentait aux plus grands sacrifices.

Pendant le douzième et le treizième siècle, la foire de la Saint-Remi de Troyes était une des plus célèbres du monde, et là venaient se concentrer les produits de l'Italie supérieure, d'une partie des Pays-Bas, et ceux du nord et du midi de la France. On y vendait particulièrement les draps de Provins, de Sens, de Vitry, de Rouen, de Louviers, de Saint-Quentin, d'Amiens, d'Abbeville, d'Arras, de Lille, de Bruges, de Malines, de Louvain, etc. L'Allemagne et la Lombardie y amenaient des chevaux, et le midi de la France de grandes quantités de cuirs maroquinés. Mais lorsque les marchandises qui arrivaient à ce centre d'immenses transactions furent frappées en 1315[1] de taxes onéreuses et vexatoires, la place de commerce fut rapidement ruinée. Il est vrai qu'à la même époque les marchandises de l'Inde vinrent de nouveau par la voie d'E-gypte, et furent transportées, ainsi que les laines de la Sardaigne, de Tunis et de Ceuta, sur les navires des Vénitiens et des Pisans, par le détroit de Gibraltar, dans les Pays-Bas et en Angleterre. Anvers retira particulièrement de grands avantages de ce changement de la voie commerciale de l'Orient. En 1318, les premiers navires vénitiens y arrivèrent avec des produits du Levant ; l'année suivante, les vaisseaux des ports du Nord ; et, à partir du commencement du quinzième siècle, les relations de la ligue hanséatique avec Anvers prirent une prodigieuse activité. Elles avaient été préparées par trois *traités* différents conclus en 1400, 1407 et 1430. Tant de circonstances contraires devinrent funestes au commerce français, et spécialement à la ville de Troyes, qui avait été frappée au cœur par l'édit de 1315. Pour raviver le commerce de la Champagne, les comtes avaient conclu avec plusieurs villes voisines des traités en vertu desquels leurs draps ne pouvaient être vendus qu'aux foires de la Champagne. Lorsque cette province tomba sous la souveraineté immédiate des rois de France (1336), la même obligation fut étendue à dix-sept villes françaises. Il y a plus, toutes les marchandises qui transitaient par la France devaient être mises en vente sur un de ces marchés, d'après une ordonnance de Philippe VI. Toutefois on renonça bientôt à ces mesures, et l'on permit même, en 1392, aux Lombards de s'éta-

---

[1] Grosley, *Mémoires pour l'histoire de Troyes,* page 189.

blir à Troyes. Il était trop tard ; le coup était porté ; et lorsque Charles VII établit, en 1445, trois foires annuelles à Lyon, l'activité de Troyes reçut une atteinte mortelle. Lyon prit une très-grande importance, qui s'accrut encore par la suppression des foires de Genève. Cette suppression eut lieu d'une manière fort singulière : on décréta, en 1463, que les foires de Genève étaient transportées à Bourges ; les citoyens de Genève, fort émus, se plaignirent au duc de Savoie, leur souverain, en se référant au titre de fondation, afin qu'il défendît leurs droits auprès du roi de France ; mais lorsqu'on alla aux archives, le titre avait disparu : leur propre évêque, fils du duc, l'avait enlevé et remis à son père, qui, à son tour, le fit passer dans les mains de Louis XI. Cependant, comme les foires de Bourges n'eurent aucun succès, elles furent réunies à celles de Lyon, et Genève se trouva définitivement frustrée. On pourrait multiplier ces exemples à l'infini. Il est, du reste, difficile de se faire une idée de toutes les vexations que subissait le commerce, malgré les traités et les priviléges qu'on faisait toujours payer chèrement à ceux qui les obtenaient. La navigation sur presque tous les fleuves de l'Europe était hérissée d'obstacles sans fin, et les traités ne duraient jamais au delà du premier conflit. La mauvaise foi était si grande, que Grotius a examiné sérieusement la question de savoir si les traités faits avec les ennemis de la foi étaient valides. Cette discussion était malheureusement nécessaire autrefois. Il y a plus : au temps dont nous parlons, on ne se croyait quelquefois pas plus obligé de tenir ses engagements envers les chrétiens qu'envers les infidèles.

Après la découverte de la route de l'Inde par le cap de Bonne-Espérance, et celle du continent Américain, le commerce prit une importance et des formes tout à fait nouvelles, en même temps qu'il changea de mains. L'ancienne route de l'Inde fut abandonnée, et le nouvel hémisphère fournit un autre aliment aux aventureuses expéditions commerciales. Déjà les villes hanséatiques avaient une large part dans le commerce d'outre-mer ; les nouvelles découvertes ne changèrent pas sensiblement leur situation, quoiqu'elles trouvassent dans les Portugais, les Espagnols et les Hollandais de formidables concurrents.

Cependant le respect des traités était mieux établi dans le Nord que dans le Midi, et les villes hanséatiques durent à ces traités une grande partie de leur prospérité. Les priviléges que le Danemarck et la Norwège leur accordèrent remontent au treizième siècle, et il en existe qui portent les dates de 1278, 1282, 1288, etc. En 1307, un traité conclu avec la ville de Lubeck avait accordé à ses habitants la liberté du commerce, même avec les ennemis du Danemarck[1]. Le traité signé à Stralsund, le 24 mai 1370, assura aux villes hanséatiques la restitution des navires et marchandises échoués; l'entière et libre disposition des successions des Hanséates morts dans les États du roi de Danemarck; enfin l'établissement en Scanie de consuls chargés de surveiller les intérêts du commerce des villes hanséatiques et l'application des avantages accordés en douane. Le traité d'alliance conclu à Copenhague, le 15 juin 1423, maintint ces divers priviléges en leur entier. Celui qui fut signé à Malmoë, le 23 avril 1512, porte que, lors même que les villes hanséatiques seraient en guerre entre elles, on recevrait leurs vaisseaux indistinctement pour commercer dans les ports danois. Enfin le traité de Hambourg, du 14 février 1536, renouvela et confirma tous les priviléges accordés antérieurement; mais ces divers priviléges furent réunis en un seul instrument, à Odensée, le 25 juillet 1560. Quelque ancien que soit ce traité, et bien que des conventions ou règlements postérieurs en aient, selon les temps, étendu ou modifié les clauses, il forme encore la base de la jurisprudence commerciale conventionnelle des Hanséates, dans leurs rapports avec le Danemarck et la Norwège.

Le Danemarck s'est du reste constamment montré favorable au commerce étranger. Le droit de naufrage a été aboli de bonne heure, et celui d'aubaine n'y a jamais existé que par représailles. Les villes hanséatiques avaient aussi en général des lois favorables aux étrangers, et elles ont les premières conclu régulièrement des traités de commerce dont les principes sont encore en partie en vigueur aujourd'hui. Leurs lois maritimes, connues sous le nom de *Jus anseaticum maritimum*, publié à Lubeck en 1591, et refondu en 1614, ont aussi puissamment contribué à fonder en Europe le droit maritime. Plus de vingt ans avant le traité d'Odensée, il y eut un accord entre les villes

---

[1] *Recueil de traités de commerce et de navigation*, par MM. d'Hauterive et de Cussy, tome II, II⁰ partie, page 170.

de Hambourg et de Magdebourg, relativement à la navigation sur l'Elbe. Les traités de 1672, de 1700 et de 1769 eurent le même objet.

Le traité d'Odensée de 1560 établit la réciprocité entre les Danois et les villes hanséatiques ; mais il renferme certaines restrictions, et entre dans de grands détails pour prévenir la fraude et les vexations[1]. Ainsi, par exemple, il est dit que « les marchands allemands n'achèteront pas plus de victuailles que ce dont ils auront besoin; ils le pourront pourtant faire dedans et dehors les jours de marché, mais non pas vendre leur provision sur le bateau; cependant si quelqu'un envoyait à son maître un tonneau de beurre pour son ménage, il n'y aura pas de danger; et ne pourra aussi, le marchand, vendre sa marchandise en d'autres lieux, sinon à ceux qui sont autorisés pour cela, et ne pourra vendre non plus de l'argent et mercerie dans les maisons, et ne pourra non plus étaler en boutique sur le pont. Et comme, par le bailleur qui pèse le poisson en quantité, il pourrait être fait tromperie, ledit bailleur ne pourra dorénavant peser davantage de poisson qu'un peu moins que le poids; mais quand il s'agira d'un jour entier ou plus, tout sera pesé à la roue, dans Bergen, et marqué de plomb, et ces plombs demeureront à l'ancien poids; et ainsi le poids appelé de *punder* sera mis en garde dans le conseil de Bergen, et dans une place commune, où chacun puisse avoir recours ; et les officiers, bourgmestres et conseil de Bergen feront tous les ans, et aussi souvent que la nécessité le demandera et qu'il sera trouvé à propos, ou que requis en seront, la visite desdits plombs et poids, et justifieront iceux par leur devoir, comme ils sont obligés par leur serment envers Sa Royale Majesté, et afin d'accomplir leurdit serment. » En ce qui concerne les Danois, il est dit que « les sujets du royaume de Danemarck pourront librement trafiquer chez les Vandales et villes hanséatiques, et aller et venir dans leurs rivières et ports, et y vendre leurs marchandises, sans être obligés à aucun prix particulier; et, s'ils ne vendent pas leurs marchandises, ils feront voile et s'en retourneront avec où ils voudront, et ne seront chargés d'aucun nouveau droit de péage, suivant le contenu des priviléges. Quand

---

[1] Voyez *Recueil de traités de commerce et de navigation*, volume II, IIe partie, page 172.

les Danois transporteront aussi du vin à Lubeck, s'ils ne l'y veulent pas vendre, on ne les retiendra pas; mais on les laissera sortir en payant le droit de péage ordinaire, soit que ce soit de gros tonneaux ou de petits; mais si les Danois les y veulent vendre, ils les transporteront dans le lieu dit *Lohe-Huys*, pour en trafiquer suivant la coutume. » Ailleurs on lit : « Quand aussi les sujets du royaume de Danemarck apportent du hareng à Lubeck sans l'y vendre, et qu'ils veulent le rapporter, ledit hareng ne sera pas *ghezirkelt* contre leur volonté, mais on le leur laissera remporter au même état où il aura été amené. On ne prendra point le dixième denier sur les biens des Allemands qui seront morts aux lieux dits Ansée, Valsterbo et Schoner; et cela ne sera aussi pas observé autrement au royaume de Danemarck. Quand quelqu'un des villes hanséatiques se sera établi dans le royaume comme bourgeois, et qu'il meure, et ait ses biens dans les villes hanséatiques, ceux qui voudront tirer du royaume les marchandises y délaissées, on pourra prendre le dixième denier desdites marchandises sur eux, et pas autrement. »

On voit que les formalités dont on accable le commerce ne datent pas d'aujourd'hui : l'on était aussi ingénieux à lui créer des difficultés et des entraves il y a trois cents ans qu'à des époques beaucoup plus rapprochées de nous. Et cependant le traité d'Odensée reposait sur des bases larges et alors réputées libérales; il était une exception aux habitudes généralement admises, et il eut une telle consistance, qu'on y trouve encore aujourd'hui les rudiments de la jurisprudence commerciale conventionnelle des Hanséates dans leurs rapports avec le Danemarck et la Norwège.

Les rois de France accordèrent, dès 1483, des priviléges aux villes hanséatiques. Louis XI fit un *Traité de commerce, de navigation et de marine* avec elles. Les députés plénipotentiaires des villes hanséatiques, assemblés à Lubeck, accordèrent, par un traité solennel du 4 avril 1484, aux sujets du roi de France, tous les mêmes droits, libertés, franchises et immunités dont jouissaient leurs propres sujets. Les priviléges accordés à ces villes ont été confirmés par lettres-patentes de Charles VIII, en l'année 1489, de François Ier, en 1536, de Henri II, en 1552, de Henri IV, en 1604, et de Louis XIV, en 1655. Non-seulement ce dernier roi leur accorda la confirmation de leurs priviléges, mais encore, dans le dessein d'augmenter le commerce du royaume, il crut qu'il était important de renouveler le traité fait par Louis XI en 1483 [1].

Les facilités commerciales que les villes hanséatiques obtinrent en Espagne et en Portugal dès le quinzième siècle furent d'autant plus étendues, que plusieurs villes de l'Aragon faisaient alors partie de la Hanse. Ces priviléges, accordés en premier lieu par les rois de Portugal, furent étendus en 1607 à l'Andalousie. Le traité du 28 septembre de cette année porte, en substance, que les villes hanséatiques jouiront en Espagne des priviléges et immunités que la France et l'Angleterre ont obtenus. Les actes joints à ce traité, et contenant extension de priviléges en faveur des Hanséates, reçurent, au moment de la ratification par le roi d'Espagne, une nouvelle teneur. La guerre de trente ans vint en interrompre la jouissance; mais par le traité conclu à Munster le 11 septembre 1647, la liberté du commerce fut rétablie, et l'édit signé à Madrid le 26 janvier 1648 confirma et renouvela les anciens priviléges des Hanséates, et devint, en quelque sorte, une *norme* nouvelle. Ces deux actes forment encore la base des droits des Hanséates en Espagne; les villes hanséatiques furent comprises d'ailleurs dans divers traités conclus depuis, en 1659, entre la France et l'Espagne; en 1725, entre l'Autriche et l'Espagne, etc. La réciprocité est établie, par le traité de 1647, en faveur des Espagnols.

Passons maintenant aux traités de commerce que firent les puissances européennes au commencement du seizième siècle avec la Porte-Ottomane. La France figure en première ligne dans l'histoire de ces transactions; et encore l'établissement de nos consuls dans le Levant précède de plusieurs siècles la signature du premier traité de commerce. François Ier conclut en 1535, par l'intermédiaire de Jean de La Forest, un traité avec le sultan Soliman. Ce traité avait été précédé, en 1507, par un commandement accordé par Bajazet II à Jean et Pierre Benette, consuls des nations française et catalane à Alexandrie; il leur garantit, en faveur de leurs nationaux, une pleine et entière liberté et sûreté de commerce. On peut regarder les vingt-six articles dont il se compose comme la base de tous les priviléges

[1] Toutes ces pièces se trouvent dans le *Corps diplomatique*, de Dumont, tomes III, IV, V et VI, IIes parties.

accordés dans la suite à la France par la Porte-Ottomane[1]. Le préambule du traité de 1535 est curieux par les précautions qu'on y prend : « Le roi François Ier, y est-il dit, travaillé de continuelles guerres par l'empereur Charles V, lequel bien souvent lui suscitait encore le roi d'Angleterre pour ennemi, étant recherché sous main par le sultan Soliman, empereur des Turcs, fut *contraint* de se défendre de tels ennemis, qui tenaient du côté d'Espagne, de Flandre, d'Italie et d'Angleterre, le royaume de France comme assiégé et environné, d'entendre à quelque amitié et intelligence avec Soliman, envoya pour cet effet, en 1535, le sieur de La Forest, etc. » On n'osait point encore à cette époque se lier ouvertement, et sans une nécessité absolue, avec les infidèles, et le traité avec Soliman était devenu, pour les ennemis de François Ier, une source d'accusations contre lui. C'était cependant, avant tout, un traité commercial, et les stipulations relatives aux établissements consulaires, au libre exercice de la religion, à la juridiction à laquelle les Français seraient soumis, aux successions, n'étaient faites que dans un intérêt de négoce, car elles se rapportent toutes implicitement aux marchands et aux trafiquants. Dans l'article 18, on voit que « le roi de France a nommé le pape, le roi d'Angleterre, son frère et perpétuel confédéré, et le roi d'Écosse, auxquels se laisse à eux d'entrer audit traité de paix, si bon leur semble, à condition qu'y voulant entrer ils soient tenus, d'ici à huit mois, de mander audit grand-seigneur leurs ratifications et prendre la sienne. » Aucun des souverains cités ne mit alors à profit cette faculté, assez singulière pour le temps. Dans le traité de 1559, on trouve seulement que les Génois, les Siciliens, les Anconitains sont admis à jouir, dans les États de la Porte-Ottomane, des mêmes avantages commerciaux que les Français.

Nous avons dit que la France était la première puissance qui ait conclu régulièrement des traités de commerce avec la Turquie. On trouve cependant, dès le dixième siècle, des traces de quelques transactions de cette nature entre la Moscovie et l'empire d'Orient pour assurer liberté et protection au commerce. Toutefois ce n'est que depuis le règne de Pierre le Grand que les relations commerciales avec le Levant ont pris quelque

[1] *Recueil de traités de commerce et de navigation*, par MM. d'Hauterive et de Cussy, tome II, 1re partie, page 123.

importance. A la paix de 1739, le commerce de la mer Noire ne pouvait encore avoir lieu que sous le pavillon turc. Le traité de 1774, signé à Kaynardgi, assura des priviléges plus étendus aux Russes : les traités postérieurs les ont accrus encore. Celui de 1783 accorde au pavillon russe le commerce de la mer Noire, la liberté et la franchise du détroit des Dardanelles, et a pour base les capitulations de la Porte avec la France et la Grande-Bretagne. Ce traité a été confirmé et renouvelé par les traités de Yassy, en 1792, d'Akermann, en 1826, et d'Andrinople, en 1829. Ce dernier assure (article 7) au commerce russe de nouveaux avantages. Par le traité d'Andrinople, la Russie a obtenu que les bâtiments marchands des nations qui ne seraient point en guerre déclarée avec la Porte pourraient, comme les bâtiments russes, et aux mêmes conditions, passer par le canal de Constantinople et le détroit des Dardanelles pour se rendre dans la mer Noire ou dans la Méditerranée[1].

Après les Français, ce furent les Anglais qui obtinrent, en 1579, de la Porte leurs premiers priviléges et purent commercer dans les États du grand-seigneur avec la même liberté que nous. Une capitulation fut signée en 1606, renouvelée en 1641, et insérée avec diverses augmentations dans la capitulation de 1675, qui est encore en vigueur. Le traité de 1838 a définitivement réglé entre l'Angleterre et la Porte les droits d'importation et d'exportation. La France a signé, le 25 octobre de la même année, une semblable convention avec la Turquie[2].

Les priviléges obtenus par les Hollandais dans l'empire ottoman remontent à l'année 1598. Ils furent suivis, dans l'année 1612, de capitulations qui leur assuraient le traitement qu'avaient déjà obtenu les Français et les Anglais, ainsi que la faculté d'établir des consuls dans tout l'empire ottoman, en Égypte, en Syrie, en Chypre, à Smyrne, etc. Les droits de douane furent fixés à 3 pour 100, même pour les marchandises importées à Alep ou à Alexandrie. Ces capitulations, renouvelées en 1634, ont été refondues et augmentées dans l'année 1680. Les clauses insérées dans cet instrument régulateur des

Recueil de traités de commerce et de navigation, volume V, IIe partie, page 135.

[2] Voyez Martens, tome XV du _Nouveau Recueil des traités de paix_, pages 701.

relations commerciales de la Hollande avec l'empire ottoman, ont reçu plus de fixité encore par les réclamations que la Hollande a été dans le cas d'élever, à différentes reprises, au sujet des passe-ports et des douanes.

La plupart des autres nations chrétiennes ont conclu des traités avec la Porte-Ottomane. De ce nombre sont l'Autriche, le Danemarck, les Deux-Siciles, l'Espagne, les États-Unis de l'Amérique du Nord, la Prusse, la Sardaigne, la Suède et la Toscane. Le séjour et le commerce dans les États ottomans est permis aux autres nations, mais seulement sous le pavillon et la protection des puissances avec lesquelles la Porte a des traités. L'article 38 des capitulations consenties par la France, en 1740, porte en effet que les Portugais, Siciliens, Catalans, Messinois, Anconitains, et les autres nations qui n'ont ni ambassadeurs, ni consuls, ni agents accrédités à la Porte, et qui viendraient dans les États ottomans sous la bannière de la France, payeront la douane comme les Français, sans que personne puisse les inquiéter. Le traité d'Andrinople a d'ailleurs assuré le libre passage des Dardanelles et du canal de Constantinople à tous les bâtiments marchands, soit sur lest, soit avec chargement, appartenant à toute nation avec laquelle l'empire ottoman *ne serait pas en état de guerre déclarée*[1].

Dans les traités de commerce avec la Porte-Ottomane, de même que dans ceux avec les régences barbaresques, il s'agissait non-seulement d'obtenir des conditions favorables pour le commerce, mais il fallait encore assurer les droits civils des étrangers, tant pour leurs personnes que pour leurs biens. C'était une première nécessité dans un pays où le droit public de l'Europe n'était point admis, et où la religion ordonnait pour ainsi dire de faire la guerre aux chrétiens. Aussi un grand nombre d'articles des traités se rapportent-ils à l'action des tribunaux du pays à l'égard des étrangers, au naufrage, à l'esclavage, à l'exercice de la religion, etc. Voici au reste, en substance, le sens des traités faits par la Porte-Ottomane avec les puissances européennes : liberté de commerce, droits d'entrée et de sortie de 3 pour 100 ; inviolabilité des consuls et des ministres ; les consuls jugent les différends entre les sujets qui appartiennent aux souverains qu'ils représentent, et assistent aux jugements

---

[1] *Traités de commerce et de navigation*, par MM. d'Hauterive et de Cussy, tome V, IIe partie, page 118.

prononcés par les tribunaux de l'empire dans les conflits qui s'élèvent entre ces sujets et les Ottomans. Si un étranger commet un délit, ceux de sa nation ne sont point inquiétés. Un étranger ne sera point contraint à payer l'amende voulue par la loi, si l'on trouve un cadavre dans le voisinage de sa maison, à moins qu'il ne soit prouvé que l'étranger est le meurtrier. La captivité est abolie ; la succession d'un étranger décédé dans l'empire ottoman est remise à ses héritiers ; les effets et vaisseaux étrangers échoués sur les côtes de l'empire sont restitués aux propriétaires. Dans toutes les accusations contre les étrangers, la présence de l'interprète est nécessaire. Les consuls, ambassadeurs, interprètes, sont exempts de certains impôts, etc.[1]. Les traités de 1838 sont surtout destinés à régler d'une manière plus précise les droits d'entrée et de sortie, et, quoiqu'ils ne regardent, quant à présent, que la France et la Grande-Bretagne, leurs stipulations sont appliquées à d'autres puissances encore. Ils ont ceci de remarquable, que la Porte s'engage formellement à abolir tous les monopoles des produits agricoles, ou de tous autres articles quelconques, ainsi que toute licence des gouverneurs locaux, soit pour l'achat d'un article quelconque, soit pour son transport d'un endroit à un autre après son achat, etc. (article 2). Cette stipulation, comme on le pense bien, est loin d'être rigoureusement observée ; car on ne détruit pas les abus séculaires d'un pays par de simples ordonnances. La corruption, la violence et les envahissements arbitraires ont jeté de trop profondes racines en Turquie, pour qu'il soit possible d'arriver à un changement instantané. Le temps et les réclamations incessantes des puissances européennes feront peut-être autant pour ces réformes économiques que l'autorité turque même, et elles ne seront réelles que lorsque l'administration chargée d'appliquer les lois sera régulière et intègre.

Il y a dans les traités de paix que la Porte—Ottomane a conclus avec les puissances européennes, une circonstance digne de remarque : c'est l'uniformité des principes d'après lesquels ils ont été rédigés. Ce sont généralement les mêmes stipulations pour toutes les puissances qui ont traité avec elle. On ne trouve pas, dans les transactions qu'elle a consenties, ces exceptions et ces variations qui se rencontrent ordinai-

---

[1] Voir à ce sujet le traité de 1710, renfermant 85 articles.

rement dans les traités que les puissances européennes font
entre elles. La Porte a pensé que ce qui était bon à concéder à
une nation devait avoir les mêmes conséquences, concédé à
une autre nation, et elle est ainsi arrivée à une certaine règle
fixe qui a donné de l'homogénéité à ses rapports internationaux,
et qui a constitué chez elle une espèce de droit commercial
vis-à-vis des puissances étrangères. Comme ce gouvernement
n'attachait aucune importance au commerce extérieur, il ne
devait pas non plus demander de grandes concessions en retour de celles qu'il accordait, et il tâchait de donner à celles-ci
le caractère d'un octroi plutôt que celui d'une condition d'un
contrat synallagmatique. Il ne croyait point pour cela négliger
les intérêts de l'empire. Et, en effet, ce qu'on jugeait utile
d'accorder à une nation ne pouvait pas produire, nous le répétons, des effets pernicieux, étendu à d'autres peuples.

Le Saint-Siége n'a jamais traité directement avec la Porte-
Ottomane ; cependant il a été obligé de renoncer à la rigueur
des principes professés par les pontifes pendant les deux ou
trois siècles qui ont suivi les croisades, et il faisait stipuler
pour ses intérêts dans les capitulations que la France concluait
avec la Porte. Il s'agissait le plus ordinairement des ordres re-
ligieux établis en Terre-Sainte, et de la sécurité des pèlerins
qui allaient visiter le saint-sépulcre. Cependant il n'oubliait
point les intérêts de ses sujets adonnés au négoce, et il se
faisait ordinairement comprendre dans la formule suivante :
« Nous permettons que ceux qui n'ont point leurs ambassadeurs ou résidents à notre Porte de félicité, comme Portugal,
Sicile, Castillans, Messinois et autres nations *ennemies*, puissent
venir sous la bannière de l'empereur de France, et qu'ils payent
la douane comme les autres Français, etc. »

Presque toutes les transactions dont nous avons parlé jusqu'à présent sont plutôt des titres de priviléges accordés que
des traités de commerce. Ils avaient pour objet de favoriser
certaines corporations, de leur donner de la sécurité, de leur
procurer des exemptions d'impôts, de régler les conditions du
marché, etc. Mais, comme nous l'avons déjà fait observer, elles
n'impliquaient que rarement la réciprocité, et ne favorisaient
très-souvent que des intérêts particuliers distincts des intérêts
de la nation dont le souverain ou le gouvernement avait stipulé.
Lorsqu'on accorda au commerce et aux échanges une atten-

tion plus grande,, chaque nation voulut profiter des avantages que lui donnait sa position, et l'on commença à faire concession pour concession. Dans ce nouveau système, les exceptions demeurèrent tout aussi fréquentes que dans l'ancien. On ne pouvait faire un avantage à une nation qu'en privant une autre nation de ce même avantage, et les traités commerciaux, en donnant, à certains égards, des facilités aux trafiquants, restreignaient d'un autre côté le marché et les débouchés. Ils furent cependant un acheminement pour fixer plusieurs principes du droit des gens et du droit commercial; c'est ainsi qu'on a successivement cherché à déterminer les règles sur le blocus; la contrebande de guerre; les convois; les délais accordés pour se retirer en cas de rupture; l'état des étrangers en temps de paix et de guerre; le naufrage des bâtiments et le sauvetage; la neutralité, ou les droits du pavillon neutre; les prises et le terme où elles cessent d'être valables, eu égard à la date et à la signature de la paix; la quarantaine; les relâches forcées; les saluts; les visites de mer, etc. Toutes les puissances ne sont pas d'accord sur ces divers points, et, à commencer par le blocus, la Grande-Bretagne a presque toujours soutenu le principe, que des côtes et des provinces entières pouvaient être mises par elle en état de blocus par une simple déclaration, et qu'il devait suffire qu'elle donnât une notification publique quelconque, ou envoyât croiser sur les côtes des navires armés en guerre. Les autres nations, au contraire, ont établi, par une série de traités conclus entre elles, que le blocus devait être réel, et fait par un certain nombre de vaisseaux suffisant pour surveiller les côtes et couper les communications. Pour la contrebande de guerre, l'Angleterre a également ajouté aux articles qui sont reconnus pour tels, c'est-à-dire les armes, la poudre, les boulets, etc., plusieurs autres objets, et particulièrement les munitions et fournitures navales (planches, cordes, poutres, lin, poix¹, goudron, etc.). Le droit de *jus littoris* est généralement aboli par les lois des pays chrétiens ou par les traités. Cependant, par une loi de 1813, il est maintenu en Portugal contre les infidèles, les nations ennemies et les pirates. La question des neutres est une des plus difficiles du droit maritime. Néanmoins, elle semble à peu près résolue aujourd'hui, et la Grande-Bretagne est la seule puissance qui n'admet pas que le pavillon couvre la marchandise, quoiqu'elle ait stipulé plusieurs fois dans un sens favorable aux nations non belligérantes. La durée des quarantaines est naturellement variable selon les pays de provenance, et elle l'est encore suivant les lois que chaque pays a adoptées dans un intérêt sanitaire. Dans ces derniers temps, de vives et intéressantes controverses se sont établies à ce sujet, et l'opinion sur la nécessité des lois sanitaires s'est singulièrement modifiée. Les quarantaines sont une des plus sérieuses entraves que le commerce puisse rencontrer, et si les observations récentes des savants, du docteur Chervin entre autres, venaient à se confirmer, il n'y aurait plus aucune raison pour les conserver. Les usages sur les relâches forcées, les saluts de mer, les visites de mer, sont généralement les mêmes chez toutes les puissances. Les lois sur ces différents points sont assez uniformes; toutefois il y a des exceptions encore, et plusieurs gouvernements n'ont point admis certaines règles qui ont été adoptées par la plupart des nations civilisées.

Dans l'introduction au *Recueil de traités de commerce et de navigation*, MM. d'Hauterive et de Cussy ont résumé les principes généraux que renferment les traités de commerce de la manière suivante. *En temps de paix :* liberté de porter réciproquement les uns chez les autres toutes les marchandises qui ne sont pas prohibées par les lois de l'État; obligation de se soumettre aux tarifs régulateurs des droits de douane; liberté, pour tous étrangers, de se servir des hommes de loi du pays, dans les différends qui peuvent leur survenir dans leur trafic; liberté de tenir leurs livres de compte et de commerce dans la langue qu'ils jugent à propos d'adopter; privilège assuré au bâtiment marchand forcé de relâcher dans un port, d'y radouber et de ne payer de droits de douane que pour les marchandises mises à terre; liberté, d'ailleurs, de ne débarquer que la quantité de marchandises qui convient au capitaine; sûreté complète pour les marchandises et pour les bâtiments, qui ne peuvent être saisis qu'à la suite d'un arrêt de justice obtenu par les intéressés, et selon les voies ordinaires, etc. *En temps de guerre :* liberté aux neutres de naviguer de port en port, et sur les côtes des nations en guerre, avec toute nature de marchandises, à l'exception de celles dites de contrebande de guerre; confiscation des marchandises de toute espèce chargées sur un navire qui aurait tenté de violer un blocus régulièrement établi; défense aux capteurs de vendre les marchandises saisies par eux avant qu'il y ait eu jugement qui les déclare de bonne prise; restitution des prises, entre alliés, si elles ne sont pas depuis vingt-quatre heures entre les mains du capteur; obligation pour les bâtiments marchands de se soumettre à la visite des vaisseaux armés en guerre; confiscation des effets d'une nation neutre à bord d'un navire ennemi, etc.

Tous ces principes ont pénétré ou pénétreront successivement dans le droit public, et formeront la base d'un droit public commercial; ils sont le résultat d'une suite de traités de commerce, comme les principes généraux du droit des gens sont une conséquence des traités de Westphalie, des Pyrénées, de Nimègue, de Ryswick, etc. Il a fallu une série d'actes de cette nature pour arriver à un corps complet de doctrine, et quels que puissent être les inconvénients des traités de commerce, ils forment la transition nécessaire d'un état arbitraire et anarchique à un état où des règles uniformes généralement admises faciliteront et protégeront les échanges de produits entre toutes les nations civilisées du globe.

Cependant, tout en voulant consacrer ces divers principes, les parties contractantes procèdent presque toujours encore par exclusion. Elles se concèdent mutuellement des avantages qu'elles refusent à certaines autres nations. Il y a plus : chacune de ces parties cherche à obtenir des avantages supérieurs à ceux qu'elle accorde, et souvent les bénéfices qu'on retire d'un traité de commerce ne s'obtiennent que par les pertes qu'éprouve une des parties contractantes. Mais il est juste de faire remarquer qu'aujourd'hui les stipulations ne portent plus guère que, 1° sur les droits de tonnage, pilotage, balisage, quarantaine, courtage, etc., et 2° sur la fixation réciproque des tarifs de douanes. Ceux-ci forment à l'époque actuelle, dans toutes les négociations commerciales, le principal objet des débats, et jouent un rôle immense dans le système économique des peuples. Les divers principes et règles que nous avons énumérés plus haut donnent certainement aussi lieu à des stipulations dans les traités de commerce et de navigation ; mais comme ils sont à peu près incontestés et généralement admis, on remplit plutôt à cet égard une formalité d'enregistrement qu'un acte résultant d'une discussion préliminaire.

La plupart des traités de commerce faits par l'Angleterre

pendant que son acte de navigation était en pleine vigueur portent un caractère d'exclusion fort tranché, et ont été rédigés dans les conditions dont nous venons de parler. Prenons pour exemple les transactions qui sont intervenues entre la Grande-Bretagne et le Portugal. Le traité de 1642, conclu neuf années avant la promulgation de l'acte de navigation, contient une série de stipulations en faveur des Anglais dans les territoires et ports du roi de Portugal, sans qu'on ait établi la réciprocité de fait. Bien longtemps avant ce traité, la couronne de Portugal avait accordé de nombreux avantages au commerce anglais, entre autres en 1382 et en 1450. Enfin, le traité de Méthuen, de 1703, et divers *alraras*, lois ou ordonnances, avaient successivement maintenu et augmenté les priviléges et avantages du commerce anglais et des sujets de la Grande-Bretagne dans les domaines du roi de Portugal. Le traité de 1703 ne contient que trois articles. Par le premier, Sa Sacrée Majesté Royale portugaise promet, tant en son nom qu'en celui de ses successeurs, d'admettre à l'avenir pour toujours, en Portugal, les draps et les autres produits des manufactures de laine des Bretons, à condition cependant, dit l'article 2, que le roi d'Angleterre sera obligé d'admettre à l'avenir, et pour toujours, les vins du crû du Portugal en Bretagne, et qu'il ne sera exigé, sous le nom de douane ou droit, ou sous un autre titre quelconque, que ce qui sera exigé pour la même quantité ou mesure des vins français, *en déduisant ou rabattant un tiers de cette douane ou droit*. Les conséquences de ce traité sont connues. L'Angleterre, à la faveur de droits différentiels sur ses objets manufacturés, s'est emparée du marché portugais; aucune fabrique n'a pu s'élever dans ce pays, parce que la concurrence anglaise venait la détruire aussitôt, et les mêmes droits différentiels empêchaient les produits étrangers de rivaliser en Portugal avec les marchandises anglaises. Le Portugal était par conséquent entièrement placé dans la dépendance de l'Angleterre pour tout ce qui tenait à la consommation des produits manufacturés; il était également dans la dépendance de ce pays pour toutes ses exportations, attendu qu'il ne pouvait vendre ses produits qu'à ceux qui lui achetaient les siens. Il y a donc eu pour le Portugal dommage réel, permanent, pendant toute la durée du traité de 1703. Le traité de 1810 n'a fait que corroborer les principes de celui de Méthuen, et ce n'est que dans ces derniers temps que le Portugal a rompu les chaînes commerciales qui l'attachaient à la Grande-Bretagne. Maintenant, le traité de 1703 a-t-il été favorable et utile à celle-ci? Voilà la question intéressante. Il importait moins à l'Angleterre d'avoir les vins du Portugal que d'exporter ses produits manufacturés dans ce pays à l'abri d'un privilége. Mais en s'approvisionnant presque exclusivement de vins de Portugal dont le commerce était entre les mains de compagnies également privilégiées, l'Angleterre renonçait, en partie au moins, au marché de la France. Ne pouvant acheter nos vins à cause de la surélévation des droits, elle ne pouvait non plus nous apporter ses produits, et ce qu'elle gagnait du côté du Portugal, elle le perdait, et au delà, du côté de la France. Nous disons au delà, parce que, pour avoir dans sa dépendance 2 ou 3 millions de consommateurs, elle renonçait à un marché qui en renfermait plus de 25 millions. Il est vrai que la Grande-Bretagne n'aurait pas eu le monopole de ce marché. Mais, lors même que ses produits ne seraient entrés chez nous qu'en concurrence avec ceux des autres nations, elle aurait encore eu de l'avantage à nous les offrir, car il est à remarquer qu'elle n'eût point perdu pour cela ses débouchés en Portugal. On peut faire la même observation pour les métaux précieux que la Grande-Bretagne tirait du Portugal pour solde de ses marchandises manufacturées. Ces métaux, elle les eût trouvés ailleurs, et sur des marchés qui lui auraient offert des débouchés plus considérables.

Nous savons bien qu'il est assez d'usage d'attribuer la fortune commerciale de l'Angleterre à ses traités de commerce, à son acte de navigation, à son système de douanes et à quelques autres institutions permanentes ou passagères. Il nous semble qu'il faudrait plutôt attribuer sa prépondérance commerciale et industrielle à la liberté politique qui s'est établie de bonne heure en Angleterre, à l'activité et à l'intelligence de ses habitants, aux richesses minérales et végétales que renferme le pays, à sa position maritime et à l'esprit aventureux et ferme qui est le propre des navigateurs et des émigrants britanniques. Voilà, ce nous semble, les causes premières et fondamentales du développement de son commerce et de ses manufactures. L'idée que l'acte de navigation ait été utile à l'agrandissement de la marine anglaise est aujourd'hui fort contestée, même dans la Grande-Bretagne. Cet acte a certainement porté un très-grand préjudice aux Pays-Bas, contre lesquels il a été dirigé, non pas à l'instigation de Cromwell, comme on le croit communément, mais par une motion faite par quelques membres du Parlement. Il ne s'ensuit pas de là qu'il ait été utile à l'Angleterre, et quoique, à l'exception de la Suède, aucune puissance n'ait exercé de représailles contre cette mesure, il est permis de croire que, dans plus d'une circonstance, elle a entravé les relations commerciales de l'Angleterre avec les autres Etats. Les Hollandais, qui n'ont jamais mis en pratique des restrictions de cette nature, sont arrivés, sous un régime libre et dégagé d'entraves, à la plus haute prospérité commerciale, et cela peut-être parce qu'ils avaient peu de traités de commerce, point d'acte de navigation, et des douanes excessivement faciles. Ils avaient d'ailleurs quelques-uns des avantages possédés par les Anglais [1]. Persévérants, la-

[1] On lit dans les *Mémoires de Jean de Wit,* chapitre v :

« Premièrement, la Hollande est bien située pour le commerce, au milieu de l'Europe, comptant depuis Archangel en Moscovie, et Revel, jusqu'en Espagne ; il est vrai que nous sommes plus éloignés du Levant et de l'Italie que de l'Orient ; mais la proximité de l'Orient nous est très-commode, d'autant que nous tirons toutes nos grosses marchandises de là, comme le blé, le goudron, la poix, les cendres à savon, le lin, le bois pour la charpente des vaisseaux, et les laines de Prusse et de Poméranie, que nous allons prendre dans ce pays, dont nous consommons la plus grande partie dans le nôtre, et dont nous débitons le reste ailleurs, les pouvant mener facilement par les rivières du Rhin et de la Meuse ; et il est certain que les Hollandais envoient une fois plus de vaisseaux vers l'Orient que vers l'Occident. Secondement, les pays conquis de la Compagnie des Indes Orientales attachent beaucoup de commerce à notre pays, puisqu'ils ont par là toutes les épiceries et marchandises des Indes ; et ce dernier commerce serait bien plus considérable si ces commerçants, en vertu de leur octroi, n'empêchaient pas tous les autres habitants de commercer dans ces pays aussi bien que dans d'autres riches pays, où ces commerçants, soit par raison d'État ou autres raisons, ne peuvent ni ne veulent trafiquer, etc. Troisièmement, c'est un grand avantage dans ce pays, que l'on y peut avoir l'argent à 3 pour 100, et que l'on prête à un marchand bien accrédité sans gage. Comme les autres pays n'ont pas la même facilité, que les marchands sont obligés de vendre ou d'engager des terres, en payant de gros intérêts, cela fait que les Hollandais vont partout avec de l'argent comptant, avançant quelquefois les deniers toute une saison d'avance, débitant les marchandises à crédit avant que la récolte en soit faite : c'est ce que les autres nations, quoique bien situées pour le commerce, ne peuvent faire ; et c'est par là que les Hollandais ont usurpé le commerce de beaucoup d'autres. »

Jean de Wit examine quelles alliances pourraient être, politiquement et commercialement, utiles à sa patrie, et il conclut que la Hollande doit rester libre de tout engagement, qu'elle ne doit se lier ni avec la France, ni avec l'Espagne,

borieux et hardis, ils traversaient les mers et venaient enrichir l'Europe avec leurs cargaisons. Assez bons politiques pour juger une mesure politique, ils auraient pu user de représailles envers l'Angleterre et opposer à l'acte de navigation un autre acte de navigation. Mais une pareille mesure eût été complétement inutile à l'existence de leur marine. L'Angleterre elle-même, en portant une atteinte grave à la navigation des Provinces-Unies, a-t-elle recueilli commercialement les fruits de cet acte hostile? La Hollande, en subsistant parallèlement comme puissance mercantile à la Grande-Bretagne, et faisant avec celle-ci des affaires sur une vaste échelle, aurait sans doute été plus utile aux Anglais que la Hollande affaiblie et enveloppée dans des guerres continuelles. En affirmant le contraire, il faudrait admettre ce principe erroné, qu'une nation ne peut s'enrichir que par les pertes qu'elle fait subir à une autre nation. Cette opinion, qui a été pendant longtemps le sens caché d'une foule de traités de commerce, n'a plus besoin d'être combattue aujourd'hui. On comprend que la réciprocité vaut mieux à la longue que l'exploitation, et qu'un peuple qui est toujours en perte finit, même pour celui qui profite de ces pertes, par devenir un consommateur insolvable.

Les traités de commerce que la Hollande a conclus avec les nations étrangères ont une certaine uniformité qui les distingue en quelque sorte des autres actes de cette nature. Les relations anciennes et multipliées que la Hollande a entretenues avec les divers peuples du globe ont depuis longtemps

ni avec l'Angleterre, puissances qu'il plaçait alors au premier rang, et à l'égard desquelles ce jugement n'est aujourd'hui en défaut que pour l'Espagne. Cet illustre homme d'État, pour prouver que la France, par exemple, n'a nul intérêt à se mettre en état d'hostilité avec la Hollande, dit que « ses compatriotes consomment et débitent presque tous les vins et les sels qui sortent de France, et qu'ils pourraient fort bien prendre le sel dans d'autres pays, comme en Portugal, en Espagne, et à Punto del Rey; et il est certain que nous pourrions mieux nous passer des vins de France, que la noblesse et le clergé, à qui la plupart des vignes appartiennent, ne pourraient se passer de notre argent; et ayant la paix avec l'Allemagne, nous pourrions établir notre commerce avec les vins du Rhin, quoiqu'il ne fût pas si profitable à la Hollande que le commerce des vins de France par mer. » On voit par ce passage que Jean de Wit fonde les relations commerciales sur des intérêts et des besoins réciproques, indépendants des conventions diplomatiques, et qui offrent des liens bien plus solides que celles-ci. Ces Mémoires sont, du reste, remplis de maximes saines et de principes qui pourraient encore de nos jours trouver une application utile.

donné à ses lois un caractère d'hospitalité favorable aux étrangers. La liberté du commerce existe en principe dans ce pays pour toutes les nations, et il était par conséquent facile d'y donner aux traités de commerce à peu près la même contexture, et d'écarter les exceptions qu'on croit généralement devoir introduire dans ce genre de transactions.

En examinant les traités conclus entre la Hollande et l'Angleterre, on y remarque en général le maintien de la réciprocité. La paix de 1667 exempta même la navigation hollandaise des restrictions apportées à l'importation par l'acte de navigation à l'égard des marchandises venant d'Allemagne. Ces conventions subsistèrent, si nous ne nous trompons, jusqu'en 1780. Une exception avait été aussi accordée aux villes hanséatiques de Lubeck, Hambourg et Brême. Les deux dernières en eurent le bénéfice jusqu'au moment de la révolution française. Les traités de commerce entre la Hollande et la Grande-Bretagne sont au reste peu nombreux, et un des plus importants est celui de 1667, dont les stipulations s'étendent à la France, et qui ont pour but de régler les dispositions particulières au commerce en temps de guerre. Les traités postérieurs à 1815 portent l'empreinte de la dépendance dans laquelle se trouvait la Hollande vis-à-vis de l'Angleterre, et celle-ci a tiré parti de cette situation pour assurer certains avantages à ses possessions des Indes Orientales.

L'Angleterre n'a jamais été difficile sur le choix des moyens dans sa politique commerciale, et si ses colonies ont contribué à développer sa puissance maritime, on ne peut pas se dissimuler qu'elles n'ont été fondées que par une suite de violences et d'exactions. Les autres États de l'Europe hésitent aujourd'hui à asseoir leur puissance politique et commerciale sur de semblables bases. La Compagnie des Indes s'est-elle soutenue par le négoce avec ses possessions orientales? Nullement. Depuis longtemps les intérêts des actions sont payés avec les revenus territoriaux que les vainqueurs extorquent aux misérables populations de l'Indoustan. Pour faire prospérer l'industrie britannique, on a ruiné tous les fileurs et tisseurs de l'Inde ; on a dévasté le pays à la fois par des impôts exorbitants et par des famines périodiques. Le pillage y a été organisé systématiquement, et l'Angleterre s'est enrichie, non pas du négoce de l'Inde, mais des dépouilles de l'Inde, tant il est vrai qu'on peut aussi s'enrichir par la spoliation. Ce n'est point ici le lieu de traiter cette grave question, et nous n'y faisons allusion que pour qu'on ne se méprenne pas sur certaines causes de l'accroissement du commerce et de l'industrie britanniques ; pour qu'on ne s'appuie pas sur l'exemple des colonies anglaises, sur l'exemple des transactions diplomatiques anglaises pour demander la fondation de colonies et la conclusion de traités de commerce. L'Angleterre a profité de la détresse de tous les peuples pour les rançonner et pour leur imposer ses produits ; elle a toujours érigé le fait en principe quand son intérêt se trouvait en jeu ; les désastres de ses voisins et les défaites des Indiens lui ont ouvert plus de débouchés que les échanges réguliers avec les nations qui échappaient à sa politique commerciale. La longue période de paix que nous venons de traverser a opposé un singulier obstacle à ces tendances. L'acte de navigation est en ruine, le Portugal, l'Espagne, l'Italie, l'Allemagne, résistent à l'invasion des marchandises anglaises ; sur tous les marchés du globe les produits anglais trouvent de redoutables concurrences, et il devient de plus en plus évident que la réciprocité seule donne de la durée et de la consistance au commerce international.

Est-ce à dire pour cela que l'Angleterre soit dans de mauvaises conditions industrielles et commerciales? Nous ne le pensons pas. Seulement elle sera forcée de changer sa politique mercantile, et de traiter sur un autre pied avec la plupart des nations auxquelles elle voudra désormais faire consommer ses produits; elle sera obligée de modifier son tarif de douane, et de déblayer définitivement les vestiges qui restent encore de l'acte de navigation. Son régime colonial, qui a déjà éprouvé de grandes réformes, devra nécessairement subir encore des remaniements ultérieurs, et ce n'est qu'en se conformant au principe de réciprocité dans ses rapports avec les autres nations, qu'elle pourra consolider son commerce et son industrie. Elle a du reste depuis longtemps compris cette nécessité, et Huskisson est le premier homme d'État anglais qui l'ait entrevue sérieusement. Il est le premier aussi qui ait introduit de sensibles changements dans le régime économique de sa patrie. Nous ne voulons point examiner si Huskisson était pénétré des principes économiques d'Adam Smith, ou si les mesures qu'il faisait adopter par le parlement n'étaient autre chose qu'une suite d'efforts calculés pour ressaisir une partie du commerce d'échelle ou d'entrepôt qui avait rendu Londres si florissante pendant la guerre. Toujours est-il qu'elles sont une dérogation à l'ancien système, quoiqu'elles aient encore été conçues dans l'intérêt des colons et des agriculteurs. Cette dérogation a été le point de départ d'une suite de mesures nouvelles auxquelles le parti tory lui-même a été forcé de s'associer.

Quant aux rapports commerciaux entre la France et l'Angleterre, ils sont fort anciens. Le traité conclu en 1606 entre Henri IV et Jacques Ier pour la sûreté et liberté de commerce de leurs sujets, peut cependant être considéré, par l'ensemble de ses dispositions, comme l'origine des rapports réguliers entre la France et l'Angleterre. Il stipule que les sujets des deux rois pourraient librement trafiquer les uns avec les autres dans tout leur royaume ; qu'on dresserait une pancarte des impôts qu'on payerait aux deux rois, et que les villes de France qui devaient quelques impôts à leur profit, en rapporteraient les titres ; que les Français trafiquant en Angleterre ne seraient point contraints de donner caution de leur vente, si ce n'était la juratoire ; que les navires français pourraient aller jusqu'aux quais de Londres et dans les autres ports et havres de la Grande-Bretagne, et y charger et fréter avec la même liberté que les navires anglais faisaient en France ; qu'à Rouen, à Bordeaux, et à Caen en France, à Londres et dans d'autres villes d'Angleterre, on nommerait pour conservateurs deux marchands français et deux anglais de même qualité, qui, avec un cinquième dont ils conviendraient, jugeraient les plaintes des marchands français ou anglais, et les abus qu'ils commettraient, etc. Les mêmes commissaires étaient aussi investis du droit de renvoyer en Angleterre les draps mal façonnés et vicieux. Cette disposition atténuait celle par laquelle on confisquait autrefois les draps de mauvaise qualité. Les traités de 1655 et de 1677 contiennent aussi de nombreuses stipulations relatives au commerce : la réciprocité y est généralement observée. Le traité de paix de Ryswick assure, dans son article 5, la liberté de la navigation et du commerce entre les deux pays. Enfin, le traité d'Utrecht règle d'une manière spéciale les rapports commerciaux entre les deux pays ; on y stipule une mutuelle liberté de navigation et de commerce. Dans les négociations d'Utrecht, les plénipotentiaires traitaient non-seulement de la paix, mais ils renouvelaient encore les anciens traités de commerce que la guerre avait rompus. Le traité d'Utrecht renferme plusieurs articles importants pour le droit public commercial : les droits des neutres, les marchandises de contrebande, les relâches, les visites, les prises, etc., y occupent une large place. Outre cela, il y a plusieurs conditions qui touchent plus spécialement au trafic entre les deux nations. D'après l'article 6, les sujets, de part et d'autre, payeront les douanes, impôts, et les droits d'entrée et de sortie, dus et accoutumés dans tous les états et provinces de part et d'autre. Dans l'article 8, il a été établi pour règle générale que tous les sujets des deux souverains useront et jouiront respectivement, dans toutes les terres et lieux de leur obéissance, des mêmes priviléges, libertés, immunités, sans aucune exception, dont jouit et use, ou pourra jouir et user, et être en possession à l'avenir la nation la plus amie, par rapport aux droits, douanes et impositions quels qu'ils soient, à l'égard des personnes, marchandises, effets, navires, fret, matelots, enfin en tout ce qui regarde la navigation et le commerce. Dans l'article 9, le tarif de 1664 est derechef mis en vigueur en faveur des marchandises venant de la Grande-Bretagne; on ne fait exception que pour les laines, le sucre, le poisson salé et l'huile de baleine.

Ce tarif de 1664, qu'on regarde généralement comme point de départ du système prohibitif en France, est jugé beaucoup trop sévèrement. Dans ses principaux termes, il est plus modéré que celui d'aujourd'hui, et son adoption était un progrès évident sur ce qui existait; il donnait une certaine homogénéité à une branche importante du revenu public, et mettait à la place de taxes multiples, et par cela même souvent arbitraires, un droit unique et d'une perception beaucoup plus facile. Le système, sans doute, était incomplet, et surtout faussé par les barrières qui existaient de province à province. Mais, à tout prendre, il y avait dans le tarif de 1664 une grande pensée, celle d'affranchir le commerce des vexations inouïes qu'on lui faisait subir par des droits aussi variés qu'exorbitants, et d'encourager ainsi l'industrie naissante en France. On a reproché à Colbert d'avoir créé le système mercantile, et préparé à l'avenir commercial du monde des entraves sans nombre. Ce reproche n'est point fondé. Colbert a réduit dans son tarif les droits sur une foule d'articles, et il a certainement moins consulté les intérêts du fisc que ceux du commerce et de l'industrie. Il était utile pour la circonstance et approprié aux besoins de l'époque où il a été publié ; seulement il n'aurait pas fallu l'aggraver successivement. On y fit de continuels changements dans le but de protéger le *trarail national* et de mettre nos manufactures à l'abri de la concurrence étrangère. Ces changements ne furent pas heureux, et la plupart du temps ils ne vinrent en aide qu'au privilége et au monopole, qui dès lors n'avaient plus besoin d'obtenir des perfectionnements que la libre concurrence eût inévitablement provoqués. On arriva ainsi, par une série d'édits et d'arrêts du Conseil, jusqu'à l'année 1786, époque où fut conclu avec l'Angleterre un traité de commerce qui changea le tarif dans ses bases principales pour les marchandises venant de la Grande-Bretagne. Mais avant de nous occuper de ce traité, revenons à celui d'Utrecht.

Après avoir assimilé la France aux nations les plus favorisées, on a supprimé, par l'article 11, les droits différentiels. Le tribut de 50 sous tournois par tonneau, y est-il dit, mis en France sur les navires de la Grande-Bretagne, cesse et est abrogé à l'avenir, et l'on supprimera, par exemple, le droit de 5 sous sterling par tonneau, imposé dans la Grande-Bretagne sur les navires français. Ces levées et d'autres charges semblables ne seront plus imposées dans la suite sur les vaisseaux de part et d'autre. Les traités de 1744, de 1748, de 1783, ne sont que le renouvellement des traités de Westphalie, de Nimègue, de Ryswick, etc. ; celui de 1783 a principalement pour objet de régler la pêche à l'île de Terre-Neuve et aux îles adjacentes. Il ne faut pas oublier que ces divers traités laissèrent toujours l'acte de navigation parfaitement intact à notre égard, et que le monopole, malgré une certaine apparence de réciprocité, continuait à subsister au profit de la Grande-Bretagne.

Vers 1780, l'industrie et le commerce de l'Angleterre avaient déjà atteint un remarquable développement ; ses navires couvraient toutes les mers, et plusieurs de ses produits avaient une supériorité incontestable sur les produits similaires des autres nations. Mais alors, comme aujourd'hui, la production allait au-devant des consommateurs, et toute la politique de la Grande-Bretagne consistait à s'emparer des marchés étrangers et à se créer de plus larges débouchés. Le tarif de Colbert, renforcé par une série de mesures nouvelles, opposait un obstacle sérieux à l'entrée des marchandises anglaises en France. Toutefois notre marché pouvait offrir de grandes ressources à nos voisins, et l'homme d'Etat qui présidait alors aux destinées de l'Angleterre devait chercher à tirer parti d'une pareille perspective. Après de longs préliminaires, après des discussions compliquées et tortueuses, on arriva enfin à la conclusion du célèbre traité de 1786. Cet acte a été diversement jugé en France et en Angleterre; il a été alternativement approuvé et blâmé. L'opinion la plus commune chez nous est cependant qu'il a porté un coup funeste à l'industrie française, qu'il aurait fini par détruire si la guerre avec l'Angleterre n'en avait pas arrêté les effets.

C'est principalement de l'article 6 que le traité de 1786 tire son importance. D'après cet article, nos vins envoyés en droiture de France dans la Grande-Bretagne sont assujettis aux mêmes droits que les vins de Portugal [1]; ceux importés directement de France en Irlande continuent à acquitter les droits qu'ils ont payés jusqu'à présent. Les vinaigres sont taxés à 825 livres par tonneau; les eaux-de-vie à 8 livres 15 sous le gallon; les huiles d'olives venant directement de France payent les mêmes droits que celles des nations les plus favorisées; la quincaillerie paye mutuellement un droit dont le maximum est de 10 pour 100; les cotons de toute espèce fabriqués dans les Etats des deux souverains en Europe, ainsi que les lainages tant tricotés que tissés, y compris la bonneterie, acquittent de part et d'autre un droit d'entrée de 12 pour 100 de la valeur. Sont exceptés de cette disposition les ouvrages de coton et de laine mêlés de soie, qui demeurent prohibés de part et d'autre. Les toiles de batiste et linons payeront mutuellement 6 livres par demi-pièce de 7 yards et trois quarts, et les toiles de lin et de chanvre fabriquées dans les Etats des deux souverains en Europe ne payeront pas de plus forts droits, tant en Angleterre qu'en France, que les toiles fabriquées en Hollande et en Flandre, importées dans la Grande-Bretagne, payent actuellement. Mêmes dispositions pour l'Irlande. La sellerie est tarifée par réciprocité à 15 pour 100 de la valeur; les gazes de toute espèce à 10 pour 100; les modes, la porcelaine, la faïence, la poterie, les glaces et la verrerie à 12 pour 100 de la valeur. Pour bien

---

[1] C'est-à-dire aux mêmes droits que payaient, au moment de la conclusion du traité, les vins de Portugal. Car, immédiatement après, la taxe sur ceux-ci fut réduite, ainsi que le voulait l'article 2 du traité de Méthuen.

saisir la signification de ces chiffres, il faut les rapprocher du tarif qui était en vigueur en 1786[1].

Ce tarif, assez compliqué, est dans ses principales dispositions le même que celui de 1702. Les marchandises ci-après énumérées venant de l'étranger payaient : fer en gueuse, soit en saumons ou en plaques unies ou non figurées, boulets et canons de fer : le millier pesant, 1 livre 15 sous. Fer carré bâtard, fer fendu en verges, fer en barres carrées, fer en lames, fer en tôle, ancres de mer, gros clous et grosses chevilles propres aux bâtiments de mer, 5 livres le millier pesant. Plaques de fer figurées en bas-reliefs, marmites, chaudières et autres marchandises de fer coulé; socs de charrue, essieux, clous moyens et petits; gonds de fer, coins, haches et autres gros ouvrages de taillanderie et instruments de fer : le millier pesant, 10 livres. Serpes, marteaux, faux, faucilles, chandeliers et autres semblables ouvrages de quincaillerie : 20 livres le millier pesant. Fer-blanc, 30 livres les 450 feuilles doubles. Quincaillerie de cuivre, 6 livres le 100 pesant. Bonneterie, 10 livres le 100 pesant. Chaussons de laine, 15 sous la douzaine. Chausses de drap, 15 sous la douzaine. Draps d'Angleterre, 45 livres les 25 aunes. Demi-drap, les 10 aunes valant 80 livres et au-dessous, 4 livres 10 sous. Les serges d'Angleterre étaient prohibées. Camelots : la pièce de 20 aunes, 6 livres. Les toiles peintes et les cotonnades furent presque invariablement prohibées; cependant on les admettait pour la réexportation lorsqu'elles venaient des Indes. Pour les tissus blancs de coton, les droits ont subi de très-grandes variations; mais ils étaient en général peu considérables. Les toiles de lin de toute sorte ont été diversement imposées dans le courant du dix-huitième siècle; par l'arrêt du 6 septembre 1701, elles ont été taxées à 50 pour 100 de la valeur, tandis que les toiles de Hollande ne payaient que 2 livres pour la pièce de 15 aunes, d'après le tarif arrêté en conséquence du traité d'Utrecht. Cette dernière disposition n'a cependant pas duré, et elles ont été assimilées plus tard aux autres toiles étrangères. Nous n'avons point à nous occuper de la sellerie, des modes, de la porcelaine, des glaces, car pour ces objets notre fabrication était égale, sinon supérieure à celle de nos voisins. L'article important dans tout cela se trouve sous le chapitre des tissus, et c'est cet article qui a donné lieu à la plupart des réclamations qui se sont fait entendre contre le traité de 1786.

Ces réclamations n'étaient, du reste, que partielles, car beaucoup de nos villes manufacturières expédiaient avec avantage des tissus de lin, de chanvre et de laine à l'étranger. Pour certains articles, les villes de Reims et de Troyes ne craignaient nullement la concurrence

[1] La baleine coupée et apprêtée, les fanons et l'huile de baleine, les draps, ratines et serges, le sucre raffiné en pain ou en poudre, ont été assujettis aux droits portés dans le tarif du 7 septembre 1699; le poisson salé, au droit perçu avant 1664, et à une taxe supplémentaire. Dufresne de Francheville, *Histoire du tarif de 1664*, volume II.

anglaise. Quant aux métaux ouvrés, l'exiguité des droits prouve assez que cette industrie n'avait point alors atteint en Angleterre le degré de perfection auquel elle est arrivée aujourd'hui. Il est à remarquer que pendant tout le dix-huitième siècle, les demandes les plus contraires se produisaient sans cesse relativement aux tarifs. Les tisserands demandaient l'introduction des fils en franchise. Quand on fit les premiers essais de toiles peintes, on demanda que les toiles de coton blanches ne fussent plus chargées de droits. Les négociants demandaient aussi constamment la réduction des droits sur les fers, et de nombreuses remontrances arrivaient à chaque instant au gouvernement pour la révision des tarifs qui frappaient les articles de manufacture étrangère. Les intérêts se croisaient, et les producteurs se faisaient une guerre qui s'est prolongée jusqu'à nos jours. Ces rivalités intérieures, ces besoins divers qu'il est toujours difficile de concilier, ont donné à l'acte de 1786 cette espèce de célébrité économique dont il jouit. Les adversaires du traité en auguraient aussi mal pour la France que le premier ministre d'Angleterre en augurait bien pour sa patrie. De part et d'autre on est tombé dans d'étranges exagérations, et en pénétrant un peu dans les conséquences réelles et positives de cette transaction, on ne s'explique pas les alarmes que son seul souvenir cause encore à nos manufacturiers.

Les données sur le mouvement commercial qui a succédé à la conclusion de ce traité sont incomplètes, de même que celles qui appartiennent aux années antérieures, et les déductions qu'on pourrait tirer des chiffres qui existent sur les importations et les exportations ne sauraient être rigoureuses. Voici du reste de quelle manière se présentent les entrées et les sorties de 1787 à 1792 inclusivement :

Importations.		Exportations.
49 millions.	1787	34 millions.
59 millions.	1788	31 millions.
61 millions.	1789	35 millions.
	1790	
	1791	
86 millions.	1792	60 millions.

Ces chiffres ne sont pas entièrement concluants. Les importations anglaises se sont accrues, en comparant les deux extrémités de la période, de 2 cinquièmes environ; la même proportion se manifeste pour les exportations. Toutefois pour celles-ci, les années intermédiaires n'ont pas suivi un mouvement ascendant. En définitive, si l'on voulait juger les effets du traité par les seuls chiffres de l'importation et de l'exportation, il faudrait une période plus longue que celle pendant laquelle il a été en vigueur.

Parmi les marchandises que la France était alors en mesure de fournir à l'Angleterre, les vins et les eaux-de-vie occupent le premier rang; viennent ensuite les huiles d'olives, les vinaigres, les modes

composées de mousselines, linons, batistes, gazes de toute espèce, etc.,
des porcelaines de luxe et quelques glaces.

Plusieurs causes ont contribué à ne faire entrer les vins français que
d'une manière fort restreinte dans la consommation anglaise. Le statut
de la quinzième année du règne de Charles II, chap. vii, a donné à la
Grande-Bretagne le monopole de la fourniture des colonies pour toutes
les marchandises du crû ou des fabriques de l'Europe, et par conséquent
du vin. Ce monopole n'a jamais été très-respecté dans l'Amérique du
Nord et dans les colonies des Antilles; d'autant moins que les habitants
avaient la faculté de transporter dans leurs propres vaisseaux leurs
marchandises *non énumérées*[1]. Cette faculté s'étendait d'abord à toutes
les parties de l'Europe, et ensuite à toutes les parties de l'Europe au sud
du cap Finistère. Cependant il paraît qu'ils ont trouvé quelque difficulté à importer les *vins d'Europe* des pays où ils croissent, et ils ne
pouvaient guère les importer de la Grande-Bretagne où cette denrée
était chargée de tant de droits énormes dont une très-forte partie
n'était pas restituée à l'exportation. Comme le vin de Madère n'était
pas une marchandise européenne, il pouvait être importé directement
en Amérique et dans les Indes Occidentales, qui les unes et les autres
jouirent d'un commerce libre avec l'île de Madère pour toutes leurs
marchandises *énumérées*. C'est probablement cette circonstance qui a
introduit ce goût général pour les vins de Madère, qui dominait dans
toutes les colonies britanniques au commencement de la guerre de
1755, et que les officiers anglais rapportèrent avec eux dans la mère-
patrie, où ces vins n'avaient pas été jusque-là fort en vogue. A la paix,
en 1783, on prit une mesure[2], en vertu de laquelle tous les droits
furent restitués sur l'exportation aux colonies de toute espèce de vins,
à l'exception de ceux de France, au commerce et à la navigation desquels le préjugé national ne voulait accorder aucune sorte d'encou-
ragement. D'un autre côté, le traité de Méthuen favorisait les vins du
Portugal dans de très-fortes proportions. La distinction faite entre
les vins de France et de Portugal remonte à 1693. Dans cette année
un droit additionnel de 8 livres sterling par tonneau fut mis exclusivement sur les vins français, et en 1697 on y ajouta un nouveau droit
de 25 livres sterling. En 1784, le droit sur les vins de France s'était
élevé à 99 livres 8 schellings 9 deniers par tonneau, et celui sur les
vins de Portugal (qui étaient à peu près sur un pied d'égalité avec
les autres espèces, ceux de France exceptés) était à 49 livres 4 schellings un denier. Le premier ministre anglais, par le traité de 1786,
réduisit de près de moitié le droit sur les vins de France, en l'établis-
sant à 50 livres 16 schellings 6 deniers. La conséquence fut aussi la

---

[1] Les marchandises énumérées sont enregistrées dans l'acte de navigation et dans
quelques autres actes subséquents. Parmi les marchandises non énumérées se trouvent
quelques-unes des productions les plus importantes de l'Amérique et des Indes, les
grains de toute espèce, les planches, merrains et bois équarris, les viandes salées, le
poisson, le sucre et le rhum.

[2] Statut de la quatrième année du règne de Georges III, chapitre xv, section xii.

diminution d'un tiers sur les vins de Portugal et des autres pays, dont le droit fut réduit à 32 livres 7 schellings 6 deniers. Sous l'empire de cette nouvelle législation, la consommation s'accrut assez rapidement ; mais elle porta avant tout sur les vins de Portugal et d'Espagne. En 1784, on avait exporté pour l'Angleterre 435 tonneaux de vins français, et en 1790 1,117 tonneaux. La progression sans doute avait été rapide ; mais le chiffre total de 1790 restait néanmoins sans importance, attendu que, dans cette même année, la Grande-Bretagne avait reçu 22,911 tonneaux de vins de Portugal, et 5,037 tonneaux de vins d'Espagne. Pendant les années de guerre, les exportations françaises furent à peu près nulles. En 1795, l'Angleterre imposa un droit additionnel de 30 livres par tonneau de vins de France, et de 20 livres par tonneau de vins de Portugal. Ce droit ne paraissant pas diminuer sensiblement la consommation des vins de Portugal, le ministère pensa que la quantité importée était d'absolue nécessité ; et dès l'année suivante il mit un nouveau droit additionnel de 30 livres sterling par tonneau de vins de France et de 20 livres par tonneau de vins de Portugal. L'effet immédiat de cette mesure fut de réduire les importations, et pendant longtemps les vins de France ne figurèrent plus dans celles-ci que pour environ 250 tonneaux par an [1].

Au moment du traité de 1786, les vins français avaient à lutter contre le droit différentiel d'abord, et puis contre le goût anglais qui donnait la préférence aux vins de Madère et de Portugal ; ils n'avaient ensuite pas le bénéfice du *drawback* lorsqu'ils étaient exportés d'Angleterre pour les colonies britanniques, et enfin le chiffre absolu du droit était toujours tel qu'on ne pouvait pas espérer de faire adopter les vins français par la classe moyenne anglaise. Aussi la concession faite par l'Angleterre était-elle plus apparente que réelle. Si l'on avait assimilé les droits sur les vins aux autres marchandises qui sont énoncées dans l'article 6 du traité, alors il eût été possible d'accroître nos exportations. Mais une pareille concession aurait trop affecté le système fiscal de la Grande-Bretagne, et elle aurait pu réduire le produit des impôts sur la drèche et sur les spiritueux. Nous devons cependant faire remarquer qu'on n'aurait pas changé d'une manière profonde les habitudes anglaises ; les boissons chaudes et la bière sont tellement en usage dans ce pays, que les vins français, lors même qu'ils se débiteraient à bas prix, ne les remplaceraient jamais que dans de faibles proportions, du moins pendant un temps fort long, car on ne détruit pas subitement l'empire de semblables habitudes. D'après l'article 6 du traité, les eaux-de-vie payaient 7 schellings par gallon, droit exorbitant qui est encore le même aujourd'hui à peu de chose près, et qui restreint nécessairement la consommation, malgré le goût très-prononcé des Anglais pour nos spiritueux. Nos huiles, alors comme aujourd'hui, n'entraient qu'en petite quantité dans la Grande-Bre-

[1] Voyez Rodet, *Commerce extérieur*, page 77.

tagne. Quant à certains articles de mode, la réduction de la taxe ne leur ouvrait pas de nouveaux débouchés; comme objets de luxe, ils ne pouvaient guère se répandre dans les classes inférieures de la société à la fin du siècle dernier.

Parmi les articles anglais dont le traité favorisait l'introduction en France, on remarque la quincaillerie, la tabletterie et tous les ouvrages gros et menus de fer, d'acier, de cuivre et d'airain. Dans ces différentes fabrications, les Anglais avaient alors déjà une supériorité marquée sur les fabrications similaires de France. Des usines perfectionnées, des machines ingénieuses, un outillage complet et régulier, d'abondantes mines et minières et un combustible à bas prix et très-répandu, étaient des éléments de succès qui ne se sont développés que beaucoup plus tard chez nous. Aux ouvrages de métaux il faut joindre les cotons de toute espèce et quelques lainages qui pouvaient encore s'importer en France avec avantage. Ce sont ces articles qui ont accru le mouvement commercial entre la France et l'Angleterre de 1787 à 1792. L'Angleterre a pris la plus forte part dans ces échanges; mais leur importance absolue n'est pas telle qu'on puisse en inférer que le traité ait été ruineux pour la France. Le point de départ n'a pas été tout à fait le même. En 1787 nos exportations ont été plus faibles que celles de l'Angleterre; en 1792, la même différence existe encore, et le mouvement ascensionnel, à s'en rapporter aux chiffres d'importation et d'exportation que nous possédons, est à peu près le même de part et d'autre. Cela devait être, car l'Angleterre ne pouvait nous apporter ses marchandises qu'à condition de prendre en échange les nôtres. Nous n'étions pas dans la même situation que le Portugal qui, ne pouvant pas payer les produits anglais avec ses vins, en faisait le solde avec l'or qu'il tirait chaque année du Brésil. Cet or était du reste considéré par le commerce anglais comme marchandise, puisqu'il était employé en grande partie à la confection de travaux d'orfévrerie. Entre les importations anglaises des années 1787 et 1792, il y a une différence de 37 millions en plus; entre les exportations françaises des deux années, la différence est de 26 millions. Ce ne sont pas là des données très-effrayantes, et en considérant les chiffres d'une manière absolue, il est assez difficile de s'expliquer les sinistres souvenirs qui se rattachent au traité de 1786. Ce traité, sans doute, n'était pas favorable à la France; il ne pouvait féconder d'une manière large ni son commerce ni son industrie, et il ne réalisait point les espérances qu'il avait fait concevoir pour l'exportation de nos vins; mais il serait difficile de préciser en quoi il a été ruineux pour nous. Dans une masse d'importations qui, en 1792, sont évaluées à 929 millions, le contingent plus élevé des exportations anglaises correspond à un accroissement d'importations de toutes les autres nations. La Hollande, l'Allemagne, la Suisse, les États Sardes, l'Italie, l'Espagne, tous États avec lesquels nous n'avions pas fait de traités de commerce contenant les stipulations du traité de 1786, ont presque doublé en 1792 leurs importations en France. Ainsi les chiffres que fournit la statistique ne sont rien moins que concluants pour juger les effets de la transaction qui nous occupe. Que les ministres anglais aient été plus habiles dans cette affaire que les nôtres, cela nous paraît hors de doute. Car la circonstance seule de ne pas avoir demandé le *drawback* pour nos vins exportés de la Grande-Bretagne aux colonies, c'est-à-dire l'assimilation, sous ce rapport aussi, aux vins de Portugal, prouve que les négociateurs français étaient très-peu au fait de nos intérêts.

Le traité a-t-il procuré des avantages réels et incontestables à la Grande-Bretagne? C'est une question qui mérite, ce nous semble, d'être agitée. L'homme d'État qui gouvernait alors l'Angleterre s'en promettait des résultats immenses, et tout son parti avait cette opinion. Nous croyons que le triomphe du cabinet anglais était une pure fiction. Car, en définitive, où sont les résultats? La consommation des vins français avait augmenté; les importations portugaises aussi. Relativement à la France, les exportations étaient à peu près nulles et de nul effet. Quelle influence peut en effet exercer la vente de 1,000 à 1,200 tonneaux de vins sur le pays? Que peut gagner l'Angleterre en nous soldant ces vins avec ses produits manufacturés? pas grand'chose. Ce qui a été utile à l'Angleterre, c'est l'abaissement du droit sur les vins de Portugal et d'Espagne. C'est là un effet indirect du traité, fort appréciable, puisque de 15,000 tonneaux de vins portugais et espagnols importés en 1786, les entrées se sont élevées en 1790 à 28,000 tonneaux, et ont rapporté en droits de douane et d'excise une somme qui dépassait d'un quart celle perçue en 1786. En échange de ces vins, l'Angleterre a naturellement fourni au Portugal une plus grande masse de marchandises que précédemment, et c'est en faisant à ce pays des conditions plus favorables qu'elle a trouvé de plus grands profits. Mais cette mesure aurait pu être prise indépendamment et en dehors du traité, et si elle a donné d'heureux résultats, il est certain qu'en la généralisant, ces résultats eussent été bien plus concluants encore. Dans les conditions d'alors, il y avait de part et d'autre un monopole utile à un petit nombre d'individus seulement. C'est là l'effet invariable de presque tous les traités de commerce ; ils excluent la masse des industriels et commerçants des transactions qui profitent à un petit nombre d'individus seulement. Ce qui a surtout donné de l'importance au traité de 1786, c'est sa nouveauté, c'est la lutte diplomatique qui l'avait précédé, ce sont les débats du parlement où M. Pitt et ses adversaires avaient déployé d'immenses ressources, d'immenses talents. M. Pitt disait, avant la conclusion du traité et lorsque l'affaire était encore pendante devant le parlement, que si la transaction devait faire gagner à la France un accroissement de revenu de 100,000 livres sterling, l'Angleterre y gagnerait certainement dix fois plus, c'est-à-dire un million sterling, en revenu s'entend. C'était sans doute une métaphore seulement, car en allant au fond des choses, en serrant les faits d'aussi près que possible, on ne trouve rien qui approche, même de loin, de ces fabuleuses prévisions.

Le traité était fait pour douze années; la moitié de ce terme était écoulée lorsque la guerre vint rompre les relations entre la France et l'Angleterre. Les espérances de M. Pitt étaient loin d'être réalisées, non plus que celles de certains producteurs qui avaient vu en perspective d'incalculables bénéfices. Les industriels et les marchands sont en général fort mauvais juges en matière de traités de commerce, dès qu'il s'agit d'apprécier ces traités au point de vue de l'intérêt national. Ils ne voient que de nouveaux débouchés, ils ne s'occupent pas même des retours, et ils ont la conviction que cela suffit pour accroître la fortune publique; ils préfèrent le monopole d'un marché unique, au libre accès de tous les autres marchés où ils pourraient rencontrer la concurrence; ils fondent leurs bénéfices et leurs espérances sur l'exclusion, sur un compromis qu'ils font avec d'autres producteurs au détriment des consommateurs. Le traité de 1786 n'a rien ajouté à la prospérité des manufactures anglaises; elles étaient à la tête du mouvement industriel qui se manifestait dans toute l'Europe, en France comme ailleurs; et ce n'est au surplus pas un accroissement d'exportation d'une trentaine de millions qui aurait pu exercer une influence appréciable sur leur activité, quand au même instant les produits français exportés en Angleterre affectaient aussi une progression ascendante. Il est à regretter que nous n'ayons pas des documents complets et authentiques sur le mouvement commercial entre la France et l'Angleterre pendant le dernier quart du siècle passé. On y trouverait certainement les termes d'une démonstration qui serait bien éloignée des pittoresques conclusions de M. Pitt, et qui ferait ressortir l'insignifiance des résultats du traité, et pour la France et pour la Grande-Bretagne. Les documents anglais sont peut-être un peu plus complets que les nôtres; mais ils ne portent aucune trace de cette prospérité que le ministère avait annoncée au Parlement. En mettant en ligne de compte le chiffre des exportations et des importations qui appartiennent à l'année 1792, il ne faut pas oublier que le décret du 31 octobre 1790 abolit en France tous les droits de traite et tous les bureaux placés pour leur perception dans l'intérieur du royaume. Le décret du 1er décembre de la même année arrêta les bases d'après lesquelles devait être réglé le tarif des droits, tant à l'entrée qu'à la sortie des marchandises. Enfin un tarif général parut le 15 mars 1791, et le 23 avril suivant on organisa la régie des douanes nationales, en même temps qu'on régla les dépenses de cette administration et ses attributions. Cette transformation, éminemment favorable au commerce extérieur, n'a pas peu contribué à développer l'activité qui s'est manifestée dans le courant de l'année suivante. La réduction d'un grand nombre de taxes à l'entrée, la forme plus facile de la perception de ces taxes, et la libre circulation des produits à l'intérieur devaient nécessairement exercer une salutaire influence sur toutes les transactions. Aussi voyons-nous l'Angleterre, autant à la faveur de ce changement qu'à l'abri de son traité de commerce, nous apporter une plus grande quantité de marchandises, et recevoir en échange une plus forte masse de nos produits. La même chose a eu lieu pour cinq ou six puissances que nous avons citées plus haut.

Lorsqu'on examine la différence qui existe entre les importations et les exportations, on voit qu'elle ne dépasse pas 25 millions. Avant la conclusion du traité, cette différence existait déjà, et c'est depuis 1815 seulement que la situation a changé, et que nos exportations pour l'Angleterre excèdent les importations venant de ce pays. L'Angleterre n'a jamais songé à s'en plaindre, et à juger cette circonstance à travers le prisme des principes erronés de la balance du commerce, quoique pendant fort longtemps elle ait reçu une valeur double en marchandises de ce qu'elle nous envoyait. Aujourd'hui les chiffres de ces valeurs sont à peu près les mêmes, et à mesure que les transactions entre les deux pays se sont accrues, ils se sont nivelés. S'ils venaient à reprendre la même position qu'avant 1792, devrait-on en conclure que notre commerce avec l'Angleterre est mauvais, qu'il nous donne des pertes, qu'il ruine nos manufactures, et qu'il faut par conséquent le restreindre par des prohibitions et des mesures douanières ? Ce serait une étrange affirmation, qu'on viendrait appuyer par un expédient également étrange. Et cependant c'est la logique des partisans de la balance du commerce, qui sont toujours à pondérer les importations et les exportations, et ne voient de salut pour le pays que dans un excédant des secondes sur les premières. On déduit du même fait la prospérité ou la décadence des manufactures, et ce critérium sert à quelques hommes pour juger l'état de l'industrie en France de 1787 à 1792 dans ses rapports avec la concurrence anglaise. La base de ces jugements est un peu fragile. Toute application de cette nature pour la période indiquée nous paraît d'ailleurs difficile, attendu qu'un des termes de comparaison manque ; car on ne peut pas rapprocher les années de guerre et de révolution qui ont suivi 1792 de la période pacifique qu'embrasse le traité de 1786, période pendant laquelle l'industrie a suivi en France, malgré le traité, le mouvement expansif qui alors se manifestait dans plusieurs autres États de l'Europe.

Le régime économique de la Grande-Bretagne embrasse deux situations parfaitement distinctes : d'un côté on a la propriété territoriale avec ses priviléges, ses prétentions et sa puissance traditionnelle ; de l'autre, l'industrie et le commerce avec une influence moins concentrée, plus divisée, mais tout aussi active que celle des propriétaires terriens ; avec des intérêts souvent opposés, le commerce et l'industrie cherchent leur salut dans le mouvement expansif, dans la division et la multiplicité des rapports avec les peuples étrangers, dans la liberté des transactions, phénomène nouveau et contraire aux éléments constitutifs de la puissance territoriale. La lutte entre l'industrie et le sol remonte à plus de soixante ans, et la loi sur les céréales est le champ de bataille où les adversaires viennent se mesurer périodiquement. Il faut que les propriétaires anglais vendent leur blé à un prix élevé, et que les industriels donnent leurs produits fabriqués au plus bas prix possible aux nations étrangères. Voilà qui implique contradiction. Le taux des salaires se règle en partie sur le prix vénal des denrées, et la cherté du pain et de la viande est naturellement un obstacle à la production économique. Aussi l'industrie anglaise, sans précisément réclamer en tout point la liberté commerciale, a-t-elle presque unanimement demandé la modération des tarifs, et, sinon la suppression de la loi sur les céréales, du moins une profonde modification de cette loi. Dans ces tendances on établissait cependant une différence entre les matières premières et les produits manufacturés, et l'industrie faisait des réserves à l'égard de ces derniers. Quant au commerce, il se jetait dans des voies plus libérales encore, et il ne faisait de réserves que pour la navigation qu'il voulait toujours voir protéger contre la concurrence étrangère. Cette situation s'est surtout dessinée d'une manière nette et précise lorsqu'après la paix plusieurs grands États du continent ont développé chez eux le système industriel sur une vaste échelle, lorsque l'Angleterre a trouvé une limite à l'extension de ses possessions coloniales, et lorsque ses tendances mercantiles ont enfin rencontré des obstacles qu'il n'était plus possible de combattre avec les armes de sa politique habituelle. Huskisson est le premier homme d'État anglais qui se soit rendu compte de cette situation nouvelle et qui ait cherché le salut du commerce ailleurs que dans des traités. Il a remanié le tarif, infirmé les principales dispositions de l'acte de navigation, et apporté de nombreux changements dans le système colonial de la Grande-Bretagne. Mais ce n'est qu'après des luttes prolongées, après des efforts inouïs, qu'il a pu faire triompher ces principes nouveaux, et les faire pénétrer en partie dans la pratique et le mouvement des affaires. Il avait bien saisi la valeur trompeuse des traités de commerce et les effets stériles d'une guerre de tarif; il a prouvé jusqu'à l'évidence que les droits réciproques n'étaient en réalité qu'une taxe sur les produits échangés. En divisant les produits en deux catégories, il a démontré que l'Angleterre, dont les importations se composaient principalement de matières premières, les payerait d'autant plus cher que les taxes seraient plus élevées, et que ses exportations en produits manufacturés rencontreraient, par représailles, des barrières qui agiraient encore comme prime en faveur des manufactures indigènes des États rivaux. Ces vérités, que la science a proclamées depuis longtemps, ne sont que très-imparfaitement admises dans la pratique, et en Angleterre leurs plus redoutables adversaires sont et resteront toujours les propriétaires du sol. Aussi longtemps que l'Angleterre pouvait se créer des marchés nouveaux par la conquête et l'oppression, elle ne se mettait guère en peine des vrais principes économiques, et elle préférait un privilége ou une exploitation à des échanges où les avantages eussent été réciproques.

Longtemps avant les réformes introduites par Huskisson, la Grande-Bretagne avait déjà été forcée de modifier son acte de navigation à l'égard des États-Unis, surtout pour ce qui regardait les colonies de l'Amérique et les Indes Orientales, et l'article 1er du traité de 1815 assimile les navires des États-Unis, dans les ports anglais, pour les droits et charges, aux navires nationaux, et réciproquement les navires anglais sont assimilés, dans les ports de l'Union, aux navires américains. Quant aux réformes de Huskisson, qu'elles aient été dictées par les nécessités du moment, ou par une appréciation exacte des phénomènes futurs du monde industriel, peu importe. L'Angleterre en a profité, et si ses manufactures n'ont pas trouvé dans cette mesure tout le soulagement qu'elles en espéraient, c'est qu'elle est incomplète et laisse encore subsister des parties trop nombreuses de la vieille politique commerciale dont l'Europe ne veut plus subir le joug. A cette époque, le ministère anglais ne s'était pas préoccupé de la conclusion de traités de commerce, pas plus que sir Robert Peel lorsqu'il a développé son fameux plan financier au commencement de l'année passée. Dans cette dernière combinaison, sir Robert Peel a pris parti contre la propriété territoriale en épousant l'intérêt manufacturier, et sa conception est une dérogation aux principes et aux tendances séculaires de son parti. Il prévoyait fort bien que l'abaissement des taxes amènerait, dans les premières années au moins, une diminution dans le revenu, et l'*income-tax* devait plutôt compenser cette réduction qu'éteindre l'ancien déficit. Car ce déficit était sans gravité dans la situation financière de l'Angleterre, tandis que le malaise progressif des manufactures devenait alarmant et affectait la presque totalité de la population. Cet acte de l'*income-tax* est un nouveau triomphe de la manufacture sur l'intérêt territorial ; la lutte devient de plus en plus défavorable pour celui-ci, et, à mesure qu'il perd de son influence, l'ordre politique se modifie dans la Grande-Bretagne en même temps que le système commercial. Malgré ces changements successifs, le tarif anglais a cependant encore tous les caractères du régime protecteur. Les prohibitions, il est vrai, sont à peu près nulles, et, à s'en rapporter aux termes généraux de la loi de douane de sir Robert Peel, on pourrait croire à la libéralité du tarif. Mais les exceptions qu'il comporte sont si nombreuses et si variées, et frappent des objets d'une consommation si étendue et si générale, que l'œuvre en est encore à son début. Toutefois, c'est une phase entièrement nouvelle dans la politique commerciale de l'Angleterre, et une initiative prise par l'un des plus illustres représentants du parti tory est un symptôme irrécusable de l'ascendant des intérêts manufacturiers sur les intérêts territoriaux, en faisant prévaloir la liberté des échanges sur le régime prohibitif.

Le commerce de la Grande-Bretagne tire en grande partie son importance de la prodigieuse masse de ses transports maritimes. Ce n'est donc qu'avec beaucoup de précaution et de mesure qu'on a changé les lois de navigation. Mais les mêmes raisons qui ont déterminé le Parlement à changer ses lois de douanes l'ont également porté à se départir des règles d'exclusion qui avaient été admises, en matière de navigation, envers l'Amérique d'abord, ensuite envers la Russie, la Hollande et la France. Le traité du 26 janvier 1826, que nous avons conclu avec l'Angleterre, porte, article 1er, que les navires français venant avec chargement des ports de France, et sans chargement de tout port quelconque, ne seront pas assujettis, dans les ports du Royaume-Uni, soit à leur entrée, soit à leur sortie, à des droits de tonnage, de port, de phare, etc., plus élevés que ceux auxquels sont ou seront assujettis, à leur entrée et à leur sortie, les navires britanniques effectuant les mêmes voyages avec chargement ou sans chargement. Et réciproquement les navires britanniques venant avec chargement des ports du Royaume-Uni, etc. D'après l'art. 2, toutes marchandises et tous objets de commerce qui peuvent ou pourront être légalement importés des ports de France dans les ports du Royaume-Uni sur navires français ne seront pas assujettis à des droits plus élevés que s'ils étaient importés sur navires britanniques, et réciproquement toutes marchandises et tous objets de commerce qui pourront être légalement importés des ports du Royaume-Uni dans les ports de France, etc. Ces stipulations ne s'appliquent qu'aux provenances de la France continentale importées directement en Angleterre. Ainsi les produits chargés par un navire français en pays étranger et destinés à l'Angleterre acquittent des droits différentiels. Plusieurs États, lorsqu'ils ont traité avec l'Angleterre, la Russie entre autres, ont étendu la réciprocité aux provenances étrangères. Ainsi le navire russe est toujours anglais à Londres, comme le navire anglais est russe à Cronstadt et Odessa [1]. Le traité de 1826 entre la France et la Grande-Bretagne contient aussi quelques stipulations relatives aux colonies dans deux articles additionnels; mais c'est une pure formule qui ne saurait avoir aucun effet : « Les navires français pourront faire voile de quelque port que ce soit des pays soumis à la domination de Sa M. B. pour toutes les colonies du Royaume-Uni (excepté celles possédées par la Compagnie des Indes), et importer dans ces colonies toutes marchandises (produits du sol et des manufactures de France), à l'exception de celles dont l'importation dans ces colonies serait prohibée ou ne serait permise que des pays soumis à la domination britannique, et lesdits navires français et lesdites

---

[1] Traité de 1797, art. 4 et 5. Voyez Martens, *Recueil de traités de paix*, t. VI, p. 357.

marchandises importées sur ces navires ne seront pas assujettis, dans les colonies du Royaume-Uni, à des droits plus élevés ni à d'autres droits que ceux auxquels seraient assujettis les navires britanniques important lesdites marchandises de quelque *pays étranger* que ce soit. Il sera accordé réciproquement dans les colonies de la France les mêmes facilités, etc. » Le régime colonial des deux puissances rend ces stipulations à peu près illusoires, attendu que chacune d'elles s'est réservé la navigation coloniale. Dans le traité avec la Russie, l'Angleterre établit une parfaite égalité entre les sujets anglais et russes. Ceux-ci peuvent importer des *marchandises et productions de l'Asie*, et les sujets russes et anglais payeront les mêmes droits d'importation et d'exportation, que les marchandises soient chargées sur des vaisseaux russes ou anglais.

Dans la convention de navigation que la France a signée avec les États-Unis en 1822, on est arrivé graduellement à la réciprocité pour les droits sur les produits naturels ou manufacturés venant des États-Unis en France et allant de France aux États-Unis ; mais l'assimilation n'a été complète qu'au bout de six ans. De semblables traités ont été faits avec la Hollande et tout récemment avec la Sardaigne. Il est à remarquer qu'ils nous lient précisément vis-à-vis des nations dont la marine marchande a une supériorité incontestable sur la nôtre et qui font en général les transports maritimes à meilleur marché que les facteurs français. Maintenant, n'est-il point permis de se poser ce dilemme : ou l'assimilation des navires étrangers aux navires français, dans nos ports, est avantageuse, et alors il était naturel de généraliser la mesure en demandant la réciprocité à tous les autres peuples, qui certes ne l'eussent pas refusée ; ou l'assimilation est mauvaise, et alors on ne s'explique pas trop comment on l'a précisément accordée aux marines les plus puissantes et les plus actives du monde. Il y a évidemment dans ce procédé une inconséquence qui est, à la vérité, fondée sur les traditions et sur les usages. « Il ne faut pas, dit-on, concéder aux étrangers des avantages que nous ne trouverions pas chez eux. » Il nous semble qu'il faudrait avant tout savoir si la réciprocité est indispensable, et si sans elle il ne serait pas avantageux de supprimer certains droits différentiels établis par notre législation douanière. À Marseille, par exemple, les navires étrangers sont exempts de tout droit de tonnage, et pour les droits de pilotage, balisage, quarantaine, courtage, ils sont assimilés aux navires français. Cette immunité, ce nous semble, loin de porter préjudice au commerce et à la navigation de Marseille, est au contraire une des causes de sa prodigieuse prospérité et du développement rapide de ses affaires. Si l'on avait maintenu les droits différentiels sur les cotons en laine apportés par navires américains, on continuerait à entraver les échanges entre les États-Unis et la France. La réciprocité a encouragé et développé les transactions, et quoique la masse des cotons soit apportée par navires

américains, notre marine a des relations tout aussi actives avec les
Etats-Unis qu'avant 1822.

Pourquoi avait-on établi une surtaxe sur les marchandises importées par navires américains? Pour favoriser les transports beaucoup
plus coûteux de notre marine. Si l'on rétablissait aujourd'hui la surtaxe, qu'arriverait-il? Nos navires favorisés prendraient une part plus
forte dans les transports. La mesure serait utile aux armateurs, mais
les consommateurs de coton n'y gagneraient rien, parce que le fret
français, plus coûteux, accroîtrait le prix des marchandises cherchées
par nous aux Etats-Unis, et nous payerions, en dernière analyse,
nous-mêmes le droit différentiel. Indépendamment de cela, l'obstacle
qu'on opposerait à la marine américaine ralentirait indubitablement
les échanges, et le bénéfice artificiel qu'on aurait créé pour la marine
marchande serait détruit par les pertes qu'on ferait éprouver au commerce et à l'industrie en général.

Le système continental, qui devait ruiner l'industrie et le commerce anglais, a contribué à développer sa marine. Moins l'Angleterre
trouvait les marchés d'Europe accessibles, et plus elle se portait vers
les régions lointaines pour y chercher des consommateurs et des trafiquants. Les États-Unis sont, après l'Angleterre, le pays qui a le
plus profité de la situation extraordinaire qu'avait créée Napoléon, et
pendant les guerres de la république et de l'empire, ils ont pratiqué
le rôle de facteurs des autres nations avec une incontestable supériorité. Maintenant on ne peut racheter la prépondérance des marines
anglaise et américaine par des droits différentiels et des exclusions.
Les rapports mêmes qui existent entre la France et ces deux pays
commandent la réciprocité, et les traités qui sont intervenus à ce
sujet ont été dictés par la nécessité et l'intérêt bien entendu des con-
tractants. Mais dès que cette nécessité et ces avantages sont établis, on
doit s'efforcer de généraliser ces sortes de mesures. Aussi tous les gouvernements ont-ils cherché à conclure, depuis vingt-cinq ans, des
traités de commerce dans lesquels on admettait autant que possible la
réciprocité. On tâche de multiplier les applications d'un principe dont
on reconnaît la salutaire influence; mais on n'a point en général osé
prendre l'initiative, c'est-à-dire que les gouvernements veulent la double application du principe, en réclamant concessions pour concessions.

La France, depuis 1830, n'a conclu qu'un petit nombre de traités
de commerce, et elle n'a introduit aucune modification fondamentale
dans son régime douanier. Les premières années qui ont suivi 1830
n'étaient pas de nature à favoriser ce genre de transactions; aussi fu-
rent-elles peu nombreuses et sans importance réelle pour notre commerce et notre industrie. On a conclu, le 14 novembre 1832, une
convention d'amitié, de commerce et de navigation avec la Nouvelle-
Grenade, renouvelée le 18 avril 1840; le 11 mars de l'année suivante, une convention préliminaire avec la république de Venezuela.

Cette convention a été renouvelée et définitivement arrêtée dans le courant de l'année 1843 [1]. Le traité de commerce et de navigation conclu le 19 juillet 1836 entre la France et le grand-duché de Mecklembourg-Schwerin [2] n'a pas une grande signification comme instrument d'échanges, mais il est rédigé sur les bases d'une parfaite réciprocité. Les navires français sont traités, dans les ports du Mecklembourg, comme ceux du pays, et les navires mecklembourgeois sont assimilés dans nos ports aux navires français. D'après l'article 2, les produits du sol et des manufactures de la France importés directement en Mecklembourg y seront exempts de toute surtaxe, et notamment de celle de 50 pour 100 des droits de douane imposés uniformément en Mecklembourg sur les marchandises importées pour compte étranger. Nous avons déjà mentionné la convention du 25 novembre 1838 conclue à Constantinople, formant appendice aux capitulations garanties à la France par la Porte-Ottomane, et amendant ou modifiant, dans l'intérêt du commerce et de la navigation des deux pays, certaines stipulations qui étaient contenues dans les capitulations. Le traité fait avec le Mexique est loin d'avoir les effets qu'on en attendait, et les dernières mesures prises par Santa-Anna, si elles sont maintenues, détruiront tout commerce entre ce pays et l'Europe. Le traité d'amitié, de navigation et de commerce conclu à Paris le 25 septembre 1839 entre la France et la république du Texas [3] contient une série de formules usuelles qui se trouvent à peu près dans tous les traités de commerce. Les cotons du Texas, sans distinction de qualités, payeront, à leur entrée dans les ports de France, lorsqu'ils seront importés directement par bâtiments français ou texiens, un droit unique de 20 fr. par cent kilogrammes. Quant aux tissus et autres articles de soie que nous importerons au Texas, ils seront traités comme ceux de la nation la plus favorisée. Nos vins et nos eaux-de-vie jouissent d'une légère faveur. La convention entre la république d'Uruguay et la France, ratifiée le 7 décembre 1839, contient quelques stipulations relatives à la navigation, et fixe la position respective de la marine marchande des deux pays. En suivant l'ordre chronologique, nous arrivons au traité de commerce et de navigation conclu avec les Pays-Bas le 25 juillet 1840 [4]. C'est un acte plus important que tous ceux que nous venons de citer.

Cette convention repose sur un système de concessions mutuelles, et a, sous ce rapport, de l'analogie avec les traités conclus en 1822 avec les Etats-Unis et en 1826 avec l'Angleterre. Il a fallu renoncer au système prohibitif créé par l'acte de navigation du 21 septembre 1703, et modifié par la loi du 28 avril 1816. On sait que l'acte de naviga-

---

[1] Martens, *Nouveau Recueil de traités de paix*, tome XIII, pages 51 et 91; *Nouveau Recueil général*, volume I, page 16.

[2] *Nouveau Recueil*, tome XIII, page 616.

[3] *Nouveau Recueil*, tome XVI, page 937.

[4] *Nouveau Recueil général*, tome I, page 276.

— 48 —

tion défendait toute intervention des pavillons tiers dans les échanges
entre les pays de production et les ports de France. Cette mesure ne
reçut jamais une entière application, tellement elle était contraire aux
intérêts du commerce français. La loi de 1816 substitua aux prohibitions absolues de l'acte de 1793 deux dispositions simplement restric-
tives. D'une part, elle frappa d'une surtaxe toute marchandise importée
par navires étrangers ou par terre; de l'autre, elle voulut que les
principales denrées tropicales, dont se compose en majeure partie le
commerce du Nouveau-Monde, ne pussent être importées en France
que par les ports d'entrepôt réel. De ces deux restrictions, la première,
nous l'avons dit, s'est déjà modifiée pour ce qui concerne les échanges
directs, et les deux puissances maritimes dont le commerce a le plus
d'étendue dans l'état actuel des affaires sont aujourd'hui en possession
de faire des importations de leurs ports dans les nôtres, sans y subir
l'aggravation imposée par nos tarifs aux arrivages par navires étrangers. Le gouvernement français a pensé, en 1840, qu'il serait utile
de modifier également la deuxième restriction prononcée par la loi du
28 avril 1816. C'est une faculté tout à fait nouvelle accordée à une
puissance étrangère. Les traités, avec les Etats-Unis et l'Angleterre,
limitent la réciprocité aux produits du sol et des manufactures de chacun de ces pays dont l'entrée est également permise. Le traité avec la
Hollande permet à cette puissance d'introduire de ses ports dans notre
consommation, non-seulement les produits de son sol et de ses manufactures, mais encore les denrées provenant de ses colonies, et les
marchandises étrangères apportées sur navires hollandais des ports de
la Néerlande. En un mot, les navires hollandais sont assimilés dans
nos ports, d'après l'article 2 du traité, aux navires français, et réciproquement ceux-ci sont reçus dans les ports de la Hollande comme
les navires hollandais. Voilà donc une dérogation considérable aux lois
qui avaient réglé jusqu'alors cette matière. On s'en est beaucoup
alarmé, et l'on est allé jusqu'à dire que cette innovation serait funeste
à notre marine au long cours et au cabotage dans les mers du Nord.
Examinons cette question et présentons, pour la résoudre, le mouvement
du commerce et de la navigation de 1836 à 1843.

COMMERCE ENTRE LA FRANCE ET LA HOLLANDE.

ANNÉES.	EXPORTATIONS DE LA FRANCE.		ANNÉES.	IMPORTATIONS EN FRANCE.	
	Commerce général.	Commerce spécial.		Commerce général.	Commerce spécial.
1837	17,800,000 fr.	15,200,000 fr.	1837	12,300,000 fr.	9,600,000 fr.
1838	21,900,000	15,300,000	1838	20,900,000	12,900,000
1839	18,500,000	13,700,000	1839	28,400,000	17,400,000
1840	21,500,000	16,900,000	1840	29,000,000	14,800,000
1841	21,300,000	18,300,000	1841	32,200,000	19,000,000
1842	21,000,000	17,500,000	1842	26,600,000	13,000,000

Le tableau qui précède prouve que le traité de commerce conclu au milieu de l'année 1840 n'a pas exercé une notable influence sur le mouvement commercial entre la France et la Hollande. Les exportations au commerce général sont restées stationnaires, et au commerce spécial elles ont à peu près suivi un mouvement analogue à celui qui s'est manifesté dans nos relations commerciales avec les autres peuples. La moyenne des trois premières années est au commerce général de 19,400,000 fr., et au commerce spécial de 14,733,000 francs. Pendant la seconde période, ces valeurs s'élèvent à 21,266,000 fr., et à 17,566,000 fr. Quant aux importations, on trouve pour moyenne de la première période triennale, au commerce général 20,200,000 fr., et au commerce spécial 13,300,000 fr. ; dans la seconde période, ces valeurs moyennes s'élèvent à 29,300,000 fr. pour le commerce général, et à 15,800,000 fr. pour le commerce spécial. La progression qu'on remarque au commerce général doit être attribuée en partie aussi à la conclusion définitive de la question hollando-belge, et, comme nous l'avons fait remarquer, à un développement plus général des affaires commerciales sur tout le globe. Le traité sans doute a facilité ces transactions, et il a surtout exercé une salutaire influence morale sur l'esprit et les dispositions des négociants des deux pays. Mais il ne faut cependant pas lui attribuer comme modification du tarif une trop grande portée. Voyons maintenant quels sont les termes de la navigation de concurrence entre les deux pays pendant la période pour laquelle nous avons donné le mouvement commercial.

MOUVEMENT DE LA NAVIGATION ENTRE LA FRANCE ET LA HOLLANDE, DE 1836 A 1843.

ANNÉES.	ENTRÉES.		SORTIES.	
	Pavillon français.	Pavillon hollandais.	Pavillon français.	Pavillon hollandais.
1837	11,900 tonneaux.	12,900 tonneaux.	10,700 tonneaux.	14,700 tonneaux.
1838	16,800	8,500	13,800	15,000
1839	21,400	7,500	21,300	9,500
1840	13,000	11,700	11,400	9,800
1841	10,700	8,600	9,800	9,900
1842	10,400	11,800	11,100	12,700

Dans ce tableau, les oscillations sont bien plus considérables que dans celui qui renferme les valeurs des échanges effectués entre la France et la Hollande. Au premier abord, on pourrait croire que le traité a donné un avantage à la marine hollandaise, puisque, avant 1840, la navigation de concurrence entre les deux pays était entièrement en notre faveur, ainsi que cela résulte de la progression du tonnage aux entrées et aux sorties, et qu'après 1840, ce même mouvement affecte une proportion inverse en diminuant les transports effectués par navires français. Il n'en est rien, et les oscillations qui ont eu lieu tiennent uniquement à l'introduction de la navigation à la vapeur entre la France et la Hollande. Ces entreprises se sont formées chez nous, et ont très-rapidement accru, vers 1837, la part du pavillon français dans les transports entre les deux pays. Pendant cette année, 65 navires à vapeur, jaugeant près de 10,000 tonneaux, sont sortis des ports de France pour les Pays-Bas, tandis que 22 navires seulement portant pavillon hollandais, et jaugeant environ 1,500 tonneaux, sont partis de chez nous pour la même destination. La proportion pour les entrées est la même. En 1838, le nombre des bateaux à vapeur français a été de 71 contre 20 bateaux hollandais. En 1839, le pavillon néerlandais disparaît complétement de la navigation à vapeur entre les deux pays. Il en est de même en 1840 ; et, dans cette dernière année, le nombre des navires français entrés dans nos ports s'élève à 113. Mais, dès l'année suivante, il tombe à 65 à l'entrée, et à 61 à la sortie. Le pavillon hollandais, au contraire, revient avec 10 navires, et en 1842 avec 30 navires, tant à l'entrée qu'à la sortie, contre 70 navires français. Dans la première période triennale, les bateaux à vapeur hollandais étaient forcés de céder aux nôtres, et ils avaient fini par succomber ; mais, à partir de 1840, ils se sont relevés et ont fait une redoutable concurrence aux nôtres. Ils sont maintenant dans le mouvement ascensionnel, tandis que les bateaux français se réduisent graduellement. Cependant le mouvement général de la navigation, c'est-à-dire navires à voiles et navires à vapeur confondus, donne, en 1842, à peu près les mêmes proportions pour les deux pavillons qu'en 1837.

Les échanges entre la Hollande et la France s'effectuent à peu près en entier par mer ; l'ouverture des frontières du Rhin et de la Moselle aux importations de la Hollande n'a rien changé à cette situation, et les sinistres prévisions des armateurs du Havre ne se sont nullement réalisées. En 1841, les importations de la Hollande par terre ne se sont élevées, au commerce général, qu'à 1,500,000 fr., et les exportations qu'à 2,100,000 fr. Les chiffres correspondants de 1842 sont de 350,000 fr. et de 1,400,000 fr. Ces chiffres ne sont pas très-compromettants pour le commerce du Havre. On craignait que les cafés de la Hollande ne vinssent à s'introduire sur une vaste échelle par le Rhin et la Moselle. Eh bien ! ces quantités ont été nulles ou à peu près pendant les années 1841 et 1842, et ni le pavillon français ni le pavillon hollandais n'ont obstrué le Rhin pour venir porter cette marchandise à Strasbourg. En recourant aux tableau du commerce, on constate les mêmes résultats pour les cotons, les sucres et d'autres marchandises encore que les Hollandais pourraient nous fournir, mais qui n'ont trouvé aucun avantage à aller débarquer à Sierck.

Par le traité du 25 juillet 1840, le gouvernement de la Hollande a affranchi de tous droits de douanes les vins, eaux-de-vie et esprits de France en cercles. Il a réduit pour les vins en bouteilles le droit d'entrée de trois cinquièmes, et de moitié pour les eaux-de-vie et esprits aussi en bouteilles. La taxe sur les étoffes, tissus et rubans de soie est abaissée de 4 à 2 florins par livre néerlandaise ; de 10 à 5 pour cent de la valeur sur la bonneterie, la dentelle et les tulles ; de 6 à 3 pour cent de la valeur sur la coutellerie et la mercerie ; de 10 à 6 pour cent de la valeur sur les papiers de tenture ; d'un quart sur les savons de toute nature. Les porcelaines blanches sont assimilées à la faïence, et la verrerie est admise au droit le plus modéré qui serait fixé pour un point d'importation quelconque. Différentes prohibitions sont ensuite supprimées et remplacées par des droits qui permettent aux produits précédemment exclus d'arriver sur les marchés hollandais. En retour de ces différentes concessions, la France réduit d'un tiers les droits sur les fromages de pâte dure, et la céruse de fabrication néerlandaise, directement importés par mer sous l'un des deux pavillons ; la France admet ensuite, pour la consommation intérieure du royaume, au taux établi pour les provenances des entrepôts d'Europe sous pavillon français, les marchandises spécifiées à l'art. 22 de la loi du 28 avril 1816[1], importées sous pavillon de l'un des deux pays par la navigation du Rhin et de la Moselle, et par les bureaux de Strasbourg et de Sierck.

Les articles pour lesquels la prohibition a été levée sont les eaux-de-vie de grains ; les acides sulfurique, muriatique et nitrique ; les tissus de laine, draps, casimirs ; les vinaigres de vin, de bière, de bois. A l'exception des tissus de laine, aucun de ces articles ne figure à l'exportation dans le tableau du commerce des années 1841 et 42. Mais il est à croire que les quantités de tissus exportées, qui s'élèvent pour la première année à une valeur d'un million, et pour la seconde à 850,000 fr., étaient destinées à transiter pour la majeure partie. Car de semblables quantités figurent déjà dans les exportations pour les années antérieures à 1841. Quant aux marchandises dénommées à l'article 22 de la loi du 28 avril 1816, nous avons déjà dit que les cafés, les sucres et les cotons n'avaient pas fait invasion par Sierck et Strasbourg ; et pour les autres articles, l'indigo seul figure dans le tableau du commerce, et cela pour des sommes insignifiantes.

L'exportation des vins et eaux-de-vie ne s'est pas accrue par suite de l'abaissement des tarifs. On sait que dans les Pays-Bas, comme en Belgique, les droits de douane sont très-peu élevés ; mais, en revanche, les droits intérieurs, connus sous le nom d'accises et d'octroi, sont très-considérables. Il en résulte que l'affranchissement de tous droits à l'entrée n'exerce aucune influence sensible sur la consommation intérieure, et dans le cas particulier, cette influence, si elle avait pu avoir lieu, a été neutralisée par la surélévation du droit d'accise après la conclusion du traité. Les exportations de tissus de soie sont également

---

[1] Ce sont les produits suivants : coton, café, sucres, cacao, thé, indigo, cochenille, poivre, piment, girofle, cannelle, cassia lignea, macis et muscades, rocou, gommes, caoutchouc, résineux exotiques, bois de teinture, bois d'ébénisterie, dents d'éléphant, écaille de tortue, nacre de perle, orseille.

restées stationnaires ; il y a même eu dépression dans les exportations pendant l'année 1842. Même observation pour les autres produits dénommés dans l'art. 10 du traité.

La faveur qu'on a accordée à nos vins à Java n'a eu aucun résultat sérieux , et, comme à l'ordinaire , de faibles quantités seulement ont été exportées pour les Indes hollandaises. Les exportations de quelques autres marchandises pour ces colonies ont cependant éprouvé un léger accroissement en 1842; mais leur valeur totale ne s'élève guère au delà de 1,100,000 fr. au commerce général. Il ne faut pas se faire illusion sur les rapports commerciaux avec ces régions-là. Le régime créé à Java pour les étrangers ne leur permet pas d'entrer en concurrence avec les Hollandais , et nos articles de consommation conviennent d'ailleurs assez peu aux habitants des Indes néerlandaises. D'un autre côté , la difficulté des retours paralyse les expéditions, ou les rend à peu près infructueuses.

Le traité entre la France et la Hollande a été conclu pour trois ans seulement ; toutefois il continuera d'être obligatoire d'année en année jusqu'à ce que l'une des parties contractantes ait annoncé à l'autre , mais un an à l'avance, son intention d'en faire cesser les effets. Or, nous ne sachions pas qu'un semblable avertissement ait été donné soit par la France , soit par la Hollande. Autrement le traité expirerait à la fin de juin prochain, attendu qu'il n'a eu ses effets qu'à partir de la promulgation de la loi du 25 juin 1841. La période sur laquelle nous avons appuyé nos observations est assez courte à la vérité ; mais il nous semble qu'elle suffit pour juger les conséquences du traité. Il n'a répondu ni à certaines espérances exagérées, ni réalisé les appréhensions de quelques ports de mer. Mais il renferme une question de principes et une innovation qui formera un précédent pour les transactions futures de ce genre. On est sorti , à l'égard de la Hollande, du système restrictif créé par la loi du 28 avril 1816, et nous avons imité en cela l'exemple de plusieurs puissances, de l'Angleterre et de la Russie entre autres. La concession n'est, au reste, point complète, car les produits importés par le Rhin et la Moselle payent les droits différentiels afférents à la provenance des entrepôts, c'est-à-dire une taxe généralement supérieure à celle qui est exigée des mêmes produits arrivant en droiture des lieux de production. On sait que la différence entre ces deux taxes varie de 5 , 10 , 20 et même 30 pour cent en faveur de la provenance directe, selon qu'il s'agit d'objets plus ou moins encombrants.

Le traité du 16 juillet entre la France et la Belgique est , d'une part , un acte de pure courtoisie vis-à-vis de ce dernier pays, et, d'un autre côté, l'ordonnance du 26 juillet 1842, qui a déterminé ce traité, est une réaction vers le système restrictif. Le gouvernement est venu en aide à l'industrie linière, que la concurrence anglaise avait placée dans une situation fort périlleuse. Les droits sur les fils et toiles de lin et de chanvre furent l'objet d'une élévation subite, et les industriels

français furent ainsi rassurés et maintenus dans leur activité factice.
La Belgique ne fut point comprise dans la mesure, et l'on laissa subsister à son égard les droits établis par la loi du 6 mai 1841. En retour
de cette concession, la Belgique réduisit : 1° à 50 centimes les droits
de douanes sur les vins en cercles par hectolitre, à 2 fr. pour les vins
en bouteilles, et à 25 pour cent l'accise ; 2° de 20 pour cent les droits
sur les soieries. Ces réductions sont donc stipulées au profit de la France;
mais la Belgique s'est réservé de les accorder à d'autres pays, si elle
le juge de son intérêt. La Belgique n'a pas manqué de profiter de cette
dernière faculté, et peu de jours après que la convention a été exécu-
toire, elle a accordé les mêmes avantages à l'association allemande des
douanes, et cela sans compensation aucune. Ce traité devait être le
prélude de relations commerciales plus intimes et plus suivies entre la
France et la Belgique ; il devait servir de pierre d'attente à une association commerciale entre les deux pays. Toutefois, la réalisation d'un
pareil projet nous paraît aujourd'hui assez éloignée, et quand on con-
sidère les minces résultats qu'on a obtenus depuis dix ans par voie de
négociation commerciale, il est permis de désespérer de la solution
prochaine d'un problème aussi important que celui d'une association
douanière entre la France et la Belgique. Les documents officiels qui
pourraient nous fixer sur les effets de la convention du 16 juillet 1842
n'existent pas encore ; mais nous doutons que l'abaissement des droits
sur les vins et les soieries ait déterminé un excédant dans les exportations. Les droits à l'entrée sur nos vins ne sont pas, comme nous l'a-
vons déjà fait remarquer, le principal impôt qui frappe ce produit en
Belgique ; il subit, en outre, des taxes d'octroi et d'accise fort considérables, et qui sont un obstacle dirimant au développement de la
consommation. D'un autre côté, il est difficile de changer des habitudes prises. Le peuple, en Belgique, boit de la bière et des boissons
chaudes, et les vins ne font jamais partie des consommations habi-
tuelles. Une diminution des prix ne changerait probablement rien à
cet état de choses. La réduction des droits d'entrée sur les soieries n'est
pas non plus assez forte pour déterminer de nouvelles ventes. D'ailleurs,
le même régime appliqué aux produits similaires de l'Allemagne paralyse les effets de la concession qui nous a été faite par la Belgique,
et, en définitive, le traité est tout à l'avantage de ce dernier pays. Il
n'est point encore ratifié par les Chambres françaises, et peut-être
que, quand viendra le moment de la discussion, de sérieuses observations pourront se produire contre cet acte diplomatique par les hommes qui se placeront au point de vue du système restrictif.

Il n'existait entre la France et la Sardaigne aucun traité spécial de
commerce ou de navigation avant la convention conclue dans le mois
de septembre 1843, et qui sera prochainement soumis aux Chambres. Les dispositions qui ont successivement servi de règle aux rapports commerciaux avaient toujours été consignées soit dans des traités politiques, soit sous la forme particulière d'accession ou de décla-

ration. Toutefois ces rapports remontent à une date assez ancienne, car on voit par l'article 13 du traité signé à Lyon, le 15 janvier 1601, entre la France et la Sardaigne, portant continuation du traité de Vervins : « Que le commerce sera à l'avenir libre entre les sujets de l'une et de l'autre nation en payant les droits et impositions qui doivent être payés par les propres sujets du pays. » On trouve, un peu plus tard, dans le traité de restitution, signé à Querasque le 30 mai 1631 : « Que les relations commerciales seront rétablies sur le pied où elles se trouvaient avant la guerre. »

Le traité de 1760, encore en vigueur aujourd'hui, porte (art. 12): que la navigation du Rhône *et de toutes les autres rivières* mi-parties sera libre et franche de tous droits (art. 21), que les droits d'aubaine seront abolis (art. 22), et que les hypothèques prises dans l'un des deux États seront admises dans l'autre, et que les Cours de justice des deux royaumes déféreront respectivement aux réquisitoires qu'elles s'adresseront. Par le traité signé à Paris le 15 mai 1796, il fut convenu, d'une manière expresse, qu'il serait incessamment conclu entre la France et la Sardaigne un traité de commerce d'après des bases équitables, et telles qu'elles assureraient à la nation française des avantages au moins égaux à ceux dont jouissaient, dans les États de Sa Majesté Sarde, les nations les plus favorisées. On voit, en outre, par l'article 9 du traité signé le 5 avril de l'année suivante, que les deux puissances contractantes s'engageaient à nommer incessamment des commissaires chargés de négocier en leur nom un traité de commerce conforme aux bases stipulées par l'article 7 du traité de paix signé à Paris l'année précédente [1]. Mais ce double engagement est resté pendant quarante-cinq ans sans exécution, et ce n'est que dans le mois de septembre dernier qu'on a enfin conclu le premier traité de commerce entre la France et la Sardaigne.

Ce dernier pays était fort disposé à modifier ses tarifs à l'égard des produits français, et longtemps avant les conclusions du traité il avait pris l'initiative à cet égard. Les échanges nombreux qui se font entre la France et les États Sardes ont déterminé le cabinet de Turin à modifier, dans l'intérêt de son industrie et de son commerce, la plupart des taxes qui frappaient les produits étrangers à leur entrée. Les modifications qui intéressent particulièrement la France sont celles qui touchent aux eaux-de-vie, aux vins, aux tissus de coton, de laine et de soie, aux articles de modes, etc. D'après le tarif promulgué le 24 septembre 1842, et appliqué le 1er janvier suivant, les eaux-de-vie sont imposées de 42 francs l'hectolitre, et les esprits de 72 fr. ; les vins en futaille, valant 20 fr. l'hectolitre, 24 fr. et d'une valeur supérieure, 15 fr., plus 45 pour cent de la valeur. Les étoffes de coton mélangé de fil ou de laine ne payent que 1 franc jusqu'à 5 fr. par kilogramme, à l'exception des tissus brodés, qui sont

---

[1] Voir le *Recueil de traités de commerce et de navigation*, par MM. d'Hauterive et de Cussy, tome III, 1re partie, page 270.

imposés à 12 fr. par kilogramme. Les étoffes imprimées, tissues à couleurs ou teintes, payent 3 à 4 fr. par kilogramme; les tissus de laine ou de poil 2 fr., plus 20 pour cent sur la valeur. Lorsqu'ils sont brodés en fil, coton ou laine, 5 fr., et en soie, or ou argent, 12 fr. Les vêtements d'homme ou de femme sont taxés à 20 pour cent de la valeur. Les droits sur les soieries varient de 12 à 20 fr. par kilogr., selon que les tissus sont brodés ou unis, mélangés ou purs. Tous ces droits sont encore assez élevés, et montent, dans plusieurs cas, à 30 et 40 pour cent de la valeur. Cependant il faut savoir gré au gouvernement sarde d'avoir pris une initiative qui ne laisse pas de faciliter les échanges et d'être utile aux deux pays. La fixation des chiffres que nous venons de donner est antérieure, nous le répétons, au traité de commerce qu'on vient de conclure. Maintenant on a obtenu, par suite des négociations qui ont eu pour résultat le traité, quelques autres modifications. Le gouvernement sarde a réduit encore les droits sur les eaux-de-vie et les vins de France, les porcelaines blanches et de couleur. Les eaux-de-vie de vingt-deux degrés ne payeront à l'avenir, et en exécution du traité, que 33 fr. 75 cent. par hectolitre, et les spiritueux au-dessus de ce degré 60 fr. La porcelaine blanche, au lieu de 50 fr. par cent kilogrammes, payera 35 fr., et la porcelaine en couleur, au lieu de 70 fr., 50 fr. On a également opéré une faible réduction sur les articles de mode. Les vins de France, entrant par terre, sont assimilés aux vins entrant par mer. Le manifeste du 24 septembre 1842 avait déjà adopté cette disposition pour l'introduction des eaux-de-vie faite par la frontière de Savoie. Malgré ces concessions, le tarif actuel restera encore fort gênant pour nos tissus, qui forment le principal article de nos exportations pour les États Sardes. En effet, nous leur avons expédié en 1842 pour environ 23 millions de francs de tissus de cotons, de laine et de soie. Quant aux vins, ils figurent pour 2,250,000 fr. dans les exportations de cette année; ce sont plus particulièrement des vins de Champagne, de Bourgogne et du Midi. Nous ne pouvons, du reste, espérer de plus larges débouchés que pour nos vins fins, car la Savoie produit des qualités médiocres en très-grande abondance. Quant aux porcelaines, les exportations ont été à peu près nulles jusqu'à présent, et nous ne pensons pas que la réduction du droit soit de nature à faire prendre cette direction à nos pâtes céramiques.

En retour des concessions qui lui ont été faites, la France diminue le droit sur le riz de Piémont d'un tiers par la voie de terre, c'est-à-dire qu'elle le réduit de 6 fr. à 4 francs par cent kilogrammes, non compris le décime. Pareille faveur est accordée à la céruse arrivant par terre ou par mer, c'est-à-dire que le droit sera réduit de 22 francs à 14 fr. 33 cent. par cent kilogrammes. Le bétail des États Sardes passera en France à raison de 10 cent. par kilogramme; on substituera le droit au poids à la taxe par tête. Enfin, les fruits de table ne payeront plus à l'avenir que trois cinquièmes de l'ancien droit. Les articles sur lesquels portent les concessions faites par la France ne sont point entrés jusqu'à présent chez nous dans de très-fortes proportions , et, sauf le riz, ils n'occupent qu'une place fort modeste dans le tableau du commerce. Sous le rapport de la navigation, le traité assimile les navires sardes, dans les ports français, à nos propres navires, à charge de réciprocité. Cette dernière clause ne change pas sensiblement la situation des navires sardes en France, attendu que le port de Marseille, le seul à peu près où apparaisse le pavillon sarde, offre aux bâtiments de tous les pays une entière franchise. Il n'y a donc , sous ce rapport, rien de changé pour la navigation sarde , tandis que notre pavillon sera plus favorablement traité dans le Piémont. Une stipulation à laquelle nous attachons de l'importance, et qui est annexée au traité, est celle relative aux contrefaçons. On y consacre le droit des auteurs français dans les Etats Sardes, et ce droit s'étend à la fois aux livres, aux dessins , à la gravure, à la composition musicale et aux redevances dramatiques. Jusqu'à présent d'énormes quantités de contrefaçons belges s'étaient introduites dans le royaume de Sardaigne , et principalement en Savoie. A l'avenir, les contrefaçons seront exclues du pays et ne pourront plus même transiter. Les mesures prises sur les frontières sardes pour tout ce qui est imprimé nous font penser que les contrefaçons rencontreront désormais là une barrière insurmontable , et que le refus de transiter par le Piémont gênera singulièrement leur commerce illégal dans le reste de l'Italie.

Les traités conclus récemment avec les républiques de l'Équateur et de Vénézuéla n'ont pas assez d'importance pour que nous ayons à les examiner ici. On voit que les négociations commerciales que l'on poursuit depuis dix ans n'ont pas augmenté sensiblement le nombre des traités de commerce que nous avions déjà. En second lieu, les conventions faites pendant la même période n'ont pas donné les résultats que les gouvernements attribuent en général aux traités de commerce. Les arrangements pris avec les républiques de l'Amérique du Sud, avec le grand-duché de Mecklembourg-Schwerin et avec la Belgique ne peuvent avoir d'influence marquée sur nos transactions commerciales, soit parce qu'une des parties contractantes a une situation économique trop exiguë, comme cela a lieu pour les républiques américaines ; soit que les stipulations ne touchent pas au fond de la question, comme cela arrive pour la Belgique. Quant au traité avec la Hollande, on a vu par les faits que nous avons exposés qu'il n'avait pas modifié les relations commerciales entre les deux pays, qu'il n'avait ni accru les échanges ni compromis notre navigation. Toutes les transactions de ce genre sont en général faites avec une si grande circonspection, elles sont entourées de tant de précautions et de restrictions, qu'elles n'ont jamais une action décisive sur les affaires. On craint de part et d'autre de se tromper, de livrer le marché , de se créer des compétiteurs au lieu d'acheteurs. Il résulte de cela qu'après avoir posé les principes dans un traité, on y déroge aussitôt ; on ne cherche pas à faire disparaître les obstacles, et on croit avoir assez fait en les réduisant à des proportions moins fortes. C'est là le caractère de presque tous les traités de commerce, de ceux exceptés qui sont imposés par la force ou acceptés par l'ignorance. Cette catégorie de transactions a souvent favorisé l'Angleterre sur plus d'un point du globe : le récent traité qu'elle vient de conclure avec la Chine en est un nouvel exemple.

La Grande-Bretagne a aussi fait, depuis une dizaine d'années, un certain nombre de traités de commerce. La convention avec la ville libre de Francfort du 13 mai 1832 n'a eu qu'une courte durée, à cause de l'accession de cette ville à l'union douanière [1]. Le traité avec la Confédération Péruo-bolivienne, signé le 5 juin 1837, n'a qu'une médiocre importance. Il établit la réciprocité pour les droits de tonnage, de phare, de port, de pilotage, et, relativement à l'introduction des marchandises, elles seront réciproquement traitées dans les deux pays comme celles des nations les plus favorisées [2]. Dans le traité conclu avec la Hollande le 27 octobre 1837, on admet également la réciprocité pour la navigation, et l'on fixe divers points relatifs au régime des entrepôts. Les colonies des parties contractantes ne participent pas aux stipulations contenues dans le traité [3]. La convention arrêtée entre l'Angleterre et l'Autriche le 3 juillet 1838, et que certains publicistes regardaient comme le point de départ d'une ère nouvelle pour les relations commerciales des deux pays, n'est que la reproduction presque littérale du traité qui avait été conclu entre la Grande-Bretagne et l'Autriche le 21 décembre 1829, et dont la durée, limitée au 18 mars 1836, avait été tacitement prorogée. Une seule clause nouvelle mérite d'être signalée ; elle est contenue dans l'article 4, que nous reproduisons en entier : «Tous les vaisseaux autrichiens arrivant des ports du Danube jusqu'à Galatz inclusivement seront admis, avec leurs cargaisons, dans les ports du royaume-uni de la Grande-Bretagne et d'Irlande, et de toutes les possessions de Sa Majesté Britannique, exactement de la même manière que si ces vaisseaux venaient directement de ports autrichiens, avec tous les priviléges et immunités convenus par le présent traité de navigation et de commerce. De même, tous les navires anglais, avec leurs cargaisons, seront et continueront à être placés sur le même pied que les vaisseaux autrichiens, lorsque lesdits navires anglais entreront ou sortiront de ces mêmes ports [4]. »

Le traité avec la Porte du 16 août 1838 est rédigé dans les mêmes termes que celui de cette puissance avec la France. Le traité fait entre la Grande-Bretagne et le sultan d'Aden est un document fort curieux. Celui-ci cède à perpétuité à l'Angleterre le cap Aden avec les ports de Gubet Toowye, Bunder Serah, Bunder Duras, moyennant une

[1] Martens, *Nouveau Recueil de traités de paix*, volume X, page 570.
[2] *Nouveau Recueil*, volume XV, page 181.
[3] *Nouveau Recueil*, volume XVI, page 86.
[4] *Nouveau Recueil*, volume XV, page 626.

somme annuelle de.... Le chiffre de cette somme n'est pas énoncé dans le traité, et, si nous avons bonne mémoire, il n'en a pas été question au parlement, lorsque la convention lui a été soumise. Le sultan ne s'est réservé d'autres droits dans tout cela que de résider paisiblement à Aden et d'introduire tous les ans la cargaison de deux navires jaugeant deux cents tonneaux chacun, franche de droits, sur le territoire nouvellement acquis par les Anglais [1]. On voit que c'est là un de ces traités qui ont été obtenus par la force et qui sortent, par conséquent, de la catégorie ordinaire des traités de commerce et de navigation. On a tout bonnement dépossédé le sultan d'Aden, et on en a usé avec lui comme avec la plupart des souverains de l'Inde.

S'il y a un peuple au monde qui ait violé tous les sentiments de justice, d'équité, d'humanité, c'est le peuple anglais : l'histoire de l'Inde seule suffirait pour le livrer à l'exécration des âges futurs. Le sort de la Chine ne sera peut-être pas fort différent de celui de l'Indoustan. L'origine des possessions anglaises dans cette vaste région se rattache à cette politique odieuse et infâme qui a décrété l'asservissement et l'exploitation de tant de peuples divers. Le traité de Nankin a été arraché par la force ; l'occupation de Hong-Kong est une spoliation, comme la guerre elle-même avait été une violation manifeste du droit des gens. Le dieu des batailles a favorisé les empoisonneurs civilisés ; ils ont affecté de *traiter* après la victoire ; ils ont donné les apparences d'un contrat à ce qui n'était qu'un acte d'oppression et une spoliation du vainqueur. Quelle équité peut-on attendre d'un gouvernement qui permet et qui ordonne une semblable agression, et qui fonde sa puissance et sa richesse sur l'infraction de toutes les lois divines et humaines? L'Angleterre a mis en Chine, comme ailleurs, le canon à la place du droit et de la justice. Elle n'a vu dans la confiscation de l'opium qu'une occasion de satisfaire sa brutale avidité et d'exploiter une immense population. Partout où l'Angleterre a fondé un comptoir, partout où elle a occupé un port, partout où elle a élevé son pavillon, elle a obéi à ses tendances d'envahissement ; elle s'est constamment étendue, agrandie, par la force, par la ruse et par la trahison. La guerre, la famine et l'incendie ont été ses moyens habituels, et naguère encore elle a ravagé l'Afghanistan et signalé son passage dans cette contrée par les plus redoutables férocités. Croit-on que les Anglais se contenteront de la possession de Hong-Kong et de la fréquentation des cinq ports chinois qui leur sont ouverts par le traité de Nankin? Ce début sera bientôt suivi de nouvelles prétentions, et Hong-Kong n'est que la première pierre d'un vaste édifice.

Les clauses relatives au tarif et aux attributions des consuls anglais ont été arrêtées à la suite de laborieuses négociations. Mais les termes et le caractère de ces nouvelles stipulations montrent assez qu'elles n'ont été acceptées par les autorités chinoises qu'après une longue résistance. Les règlements imposés aux négociants anglais en Chine ont une forme

[1] *Nouveau Recueil*, volume XV, page 721.

tout à fait européenne, et ce n'est pas trop dire que d'affirmer qu'ils sont sortis tout d'une pièce du *board of trade*, tant on y a prévu tous les cas et tant on y a favorisé les trafiquants anglais. Le tarif lui-même est un modèle de libéralité commerciale, de simplicité fiscale, et s'il était réellement d'origine chinoise, il faudrait en conclure que ce peuple, qu'on dit si arriéré, a au moins des idées fort nettes, fort arrêtées en matière d'administration douanière, et qu'il n'oppose pas au commerce autant d'entraves que les nations les plus civilisées de l'Europe. Nous ne passerons point en revue tous les articles de règlements généraux pour le commerce anglais dans les cinq ports de Canton, d'Amoy, de Foutchou, de Ningpo et de Shangaï ; cependant nous devons faire remarquer qu'on a conféré aux Anglais, dans ces règlements, des droits tout à fait inusités. D'après l'article 1", le consul anglais, nommé dans chacun des ports, déterminera lui-même la rémunération des pilotes employés par les navires anglais. D'après l'article 2, les gardes de la douane convaincus de fraude seront punis ; mais les corrupteurs passeront à travers les mailles. Les droits de tonnage stipulés dans l'article 5 sont moins élevés que ceux perçus dans plusieurs grands ports de l'Europe. Dans la fixation de la tare sur toutes les marchandises, les choses sont arrangées de manière que le consul anglais connaît en dernier ressort, sinon en principe, du moins *de facto*, des difficultés qui peuvent s'élever entre le marchand et l'officier de la douane. Les droits des consuls sont très-étendus, et, dans les différends entre Anglais et Chinois, ces fonctionnaires jugeront, assistés d'un officier chinois, le conflit selon les règles de l'équité. Il va sans dire que, par le règlement, Sir Henry Pottinger a réservé aux autorités britanniques le châtiment des criminels anglais. Et pour que toutes ces stipulations ne soient pas illusoires, un croiseur du gouvernement anglais sera en station dans chacun des cinq ports, afin que le consul ait toujours les moyens d'imposer respect aux marins et autres personnes, et d'empêcher les désordres.

Dans le tarif, les articles sur lesquels on perçoit des droits à l'exportation sont aussi nombreux que ceux qui sont taxés à l'importation. Il y a plusieurs singularités dans la fixation des droits à l'exportation. Ainsi, par exemple, les espèces d'or, d'argent et autres sortent de la Chine franches de droit. Précédemment la sortie du numéraire avait été défendue sévèrement, en vertu sans doute des principes économiques qui ont eu longtemps cours dans les États européens. Les Chinois étaient si bien imbus de ces principes, qu'ils se faisaient solder la plupart de leurs marchandises en piastres, et qu'ils ne donnaient des espèces que pour le commerce interlope de l'opium. La libre sortie des métaux précieux est donc une dérogation complète aux anciennes lois et usages. Les matériaux de construction sortent également francs de droit. En revanche, on a permis aux Chinois d'imposer à la sortie une foule de petits brimborions de fabrique chinoise. Au tarif d'entrée, on a singulièrement ménagé toute espèce de tissus ; les toiles de coton blanches ne payent à l'importation que 1 fr. 11 cent. par pièce de 30 à 40 yards de long; les tissus de coton écru, 11 centimes par pièce; les indiennes et toiles peintes de toute sorte, 1 fr. 49 cent.; les toiles de chanvre et de lin sont aussi bien traitées, et les tissus de laine ne sont presque pas imposés. Parmi les métaux, il n'y a que le cuivre en feuilles qui soit traité avec quelque sévérité : il paye 11 fr. 19 cent. par 62 kilogrammes. Ce tarif, comme on le voit, a été calculé, tant à l'entrée qu'à la sortie, sur les besoins de la manufacture anglaise, et on n'y a guère considéré les convenances fiscales et industrielles de la Chine. Les opinions sur l'avenir du commerce européen à la Chine sont extrêmement divisées et contradictoires. Les Chinois, d'après certaines versions, sont d'une prodigieuse sobriété, et ils ne font pour ainsi dire aucun usage des produits européens. Cette opinion, la plus probable de toutes celles qui ont été émises sur les besoins et les habitudes des Chinois, a cependant été combattue, et des rapports récents nous donnent ce peuple comme éminemment industrieux et ayant des besoins nombreux et variés. Les premières opérations commerciales de l'Angleterre n'ont pas confirmé cette deuxième opinion. Il paraît qu'il y a dans ce moment un encombrement extraordinaire de marchandises britanniques aux abords du Céleste Empire, et d'immenses mécomptes pèsent sur les premières tentatives. Sir Henry Pottinger trouvera bien moyen de réparer cet échec, et ni le traité de Nankin, ni le règlement qui accompagne le tarif, ne seront le dernier mot de cette formidable affaire.

L'agent anglais ne risquait rien de stipuler pour toutes les nations européennes et de faire appliquer le tarif sans distinction à tous leurs produits. L'Angleterre est depuis longtemps en possession à peu près exclusive du commerce européen à Canton. Ensuite, le voisinage de ses provinces de l'Inde lui donne des avantages que les autres puissances maritimes sont loin de posséder au même degré. Mais ce qui importait à l'Angleterre, c'était d'empêcher les autres peuples d'être en relation directe avec le gouvernement de la Chine. On dit que, dans un traité supplémentaire conclu entre la Grande-Bretagne et le commissaire impérial, on a adopté une clause garantissant à toutes les autres nations les mêmes priviléges qu'aux Anglais. On couperait ainsi court à toutes négociations que d'autres puissances pourraient entamer, et l'on arrêterait même les ambassades qui voudraient pénétrer à Pékin, en leur exposant l'inutilité de nouvelles démarches. Une pareille convention conviendrait à la fois à la Chine et à l'Angleterre, et si déjà elle n'est pas conclue, toujours est-il qu'elle a beaucoup de chances de réussite. Les ports ouverts aux Anglais ont une valeur diverse. Amoy est placé sur les frontières des provinces Quang-Tong et Fokien; Foutchou est la capitale de cette dernière circonscription. La côte est entièrement livrée au commerce, et ses habitants sont les meilleurs marins de la Chine. Ningpo et Shangaï ont un commerce moins étendu; mais ces deux villes tirent leur importance du voisinage du canal impérial et des communications qu'elles ont avec les cités placées à l'extrémité méridionale de cette voie navigable. C'est de là que les Anglais pénétreront tout d'abord dans le cœur de la Chine, et les bateaux à vapeur remonteront les rivières qui déversent leurs eaux dans la mer Jaune. Les divers points de la côte avaient déjà été explorés en 1832, lors de l'expédition clandestine que Lindsay et Gutzlaff firent avec le navire *lord Amherst*. Presque toutes les instructions données par le cabinet de Londres à Sir Henry Pottinger avaient, au surplus, été puisées dans le rapport aussi remarquable que circonstancié de Lindsay, rapport duquel il ressort pleinement que déjà en 1832 le gouvernement anglais avait la pensée de créer un établissement dans le voisinage des côtes de la Chine, et de pénétrer de gré ou de force dans cette vaste région.

Depuis une dizaine d'années la Hollande, la Belgique, la Prusse, l'Autriche et quelques autres puissances encore se sont efforcées d'étendre le réseau de leurs relations commerciales au moyen de traités et de conventions particulières. Ces transactions ont, en général, la même valeur théorique et pratique que celles que nous devons à notre propre diplomatie. C'est presque toujours la même formule : Liberté réciproque du commerce, priviléges réciproques, et puis une suite de restrictions et de réserves qui paralysent et qui annulent les prémisses. Il est cependant juste de dire qu'on est aujourd'hui un peu moins emphatique que jadis, et l'on a senti la nécessité d'être clair et simple. Les traités de commerce se réduisent d'ailleurs maintenant à deux points essentiels : aux droits de navigation et aux droits de douanes. Ces deux points bien débattus, les autres stipulations se réduisent à certains termes généraux admis partout et qui sont rarement sujets à contestation.

Les douanes sont devenues le cheval de bataille d'un grand nombre d'économistes. A les entendre, toute la science est concentrée dans cette seule question, et s'il n'y avait plus de douanes, l'humanité serait délivrée d'une grande partie de ses maux. Il est clair qu'à mesure que l'attaque devient plus vive, la défense est plus opiniâtre. Le système mercantile ne veut pas quitter ses positions, et cependant les partisans de la liberté commerciale n'entendent pas même lui laisser un petit refuge. L'animosité contre les douanes et les tarifs a dégénéré chez certains hommes en une sorte de monomanie, et, selon eux, le problème ne peut être résolu que par la destruction absolue et complète de toutes les barrières et de tous les obstacles. Ils ne tiennent aucun compte de l'organisation politique des États, des intérêts établis, des nécessités financières et d'une foule d'autres circonstances qui s'opposent à un changement brusque et instantané. L'industrie et le commerce se sont développés dans les divers États de l'Europe sous l'empire de lois particulières à chacun de ces États. Presque partout, le système restrictif a eu la prépondérance, et cette généralité même devait rendre les exceptions sinon impossibles, du moins périlleuses. Les principes ne sont plus contestés aujourd'hui, et très-peu de gens nient l'exactitude des théories scientifiques en matière de liberté commerciale. Cela résulte de presque toutes les publications économiques de notre temps, et il n'y a guère que quelques praticiens, ne connaissant Adam Smith et J.-B. Say que de nom et défendant leurs intérêts personnels, qui soutiennent encore le système mercantile. Les discussions qui peuvent s'élever sur les théories nous paraissent donc parfaitement stériles, de même que la guerre à mort qu'on fait aux douanes nous paraît un pur enfantillage. Avec les besoins que chaque gouvernement et chaque peuple se sont créés, on ne renonce pas aisément aux revenus fiscaux existants. Plus les services publics se perfectionnent et plus ils deviennent dispendieux, et plus le commerce et l'industrie se développent et plus ils ont besoin de moyens de diffusion tels que ports, routes, canaux, chemins de fer, etc. Or, tout cela ne s'obtient que par une application judicieuse du produit des impôts. Dans presque tous les pays, les douanes forment une branche importante du revenu public, et lors même que leur destruction procurerait des avantages immédiats ou éloignés à certains producteurs ou à certains consommateurs, le gouvernement ne pourrait pas les supprimer d'un seul trait de plume.

D'un autre côté, nous admettons que la production qui est fondée sur le système restrictif repose sur une base vicieuse ; mais il ne s'ensuit pas de là qu'il faille détruire brusquement ce qui existe, et se livrer à une transition qui serait mortelle à plusieurs branches industrielles. Il en est de cela comme d'un mauvais gouvernement, qui vaut encore mieux que l'absence de tout gouvernement, c'est-à-dire l'anarchie. On ne fait pas disparaître des institutions séculaires sans difficultés et sans inconvénients, et une nation ne peut pas changer subitement sa manière d'être pour obéir à un principe juste et vrai au fond, mais dont l'application immédiate entraînerait les plus graves inconvénients.

Pour atténuer les effets fâcheux du système restrictif, les gouvernements ont depuis longtemps recours aux traités de commerce et de navigation. Ces traités, comme moyens de transition, ont certainement eu leur utilité, surtout pour les questions maritimes qui se lient au commerce international ; mais comme celles-ci sont réglées aujourd'hui en grande partie, ils ne peuvent dans le présent avoir d'autre objet que de réduire les tarifs de douane et les droits de navigation entre deux nations contractantes, c'est-à-dire la concession de priviléges réciproques. Nous avons déjà dit que de ce point de vue ils manquaient essentiellement leur but, car ils ne profitent en réalité à aucune des deux parties.

Il nous semble que ce qui est avantageux à accorder à une nation peut très-bien se pratiquer aussi vis-à-vis de tous les autres peuples. Les Turcs ont constamment suivi ce principe dans leurs capitulations ; ils ont dit : « Vous apporterez vos marchandises chez nous à de certaines conditions, et les sujets chrétiens se comporteront dans les États musulmans d'après certaines prescriptions qui seront les mêmes pour toutes les nations. » Ils ne s'en sont pas mal trouvés ; et certes s'ils eussent adopté des tarifs et des taxes élevés, ils n'eussent fait que créer des difficultés au commerce du Levant, sans profit aucun pour l'empire. Plusieurs peuples de l'Asie, les Chinois entre autres, ont suivi jadis une semblable politique jusqu'au moment où ils ont défendu aux Européens de pénétrer sur leur territoire. Si les traités de commerce sont favorables à quelques manufacturiers et producteurs, ils ne peuvent être avantageux aux consommateurs. C'est un monopole qui se trouve accordé contre eux à une nation étrangère, et dès lors ils doivent acheter les marchandises dont ils ont besoin à un prix plus élevé que si la libre concurrence était admise. Par conséquent cette portion du produit des consommateurs avec laquelle ils achètent des marchandises étrangères se trouve vendue à un prix inférieur, attendu que, quand deux choses s'échangent l'une contre l'autre, le bon marché de l'une est une conséquence nécessaire ou plutôt est la même chose que la cherté de l'autre. « Dans ces circonstances, dit Adam Smith, la valeur échangeable du produit annuel d'une nation est donc dans le cas d'éprouver une diminution à chaque traité de cette espèce. Cette diminution cependant ne peut guère aller jusqu'à une perte positive, et elle ne fait qu'affaiblir le gain que cette nation eût pu faire sans cela. Quoiqu'elle vende ses denrées à meilleur marché qu'elle ne les eût vendues sans cette circonstance, néanmoins elle ne les vendra pas probablement pour moins qu'elles ne lui coûtent ; elle ne les vendra pas, comme dans le cas des gratifications, pour un prix qui ne saurait remplacer le capital employé pour les mettre au marché, ensemble les profits ordinaires des capitaux. S'il en était autrement, le commerce ne pourrait se soutenir longtemps. Ainsi la nation qui accorde cette faveur à une autre peut encore gagner dans ce commerce, quoiqu'elle gagne moins que s'il y avait liberté de concurrence. »

Sans doute les effets des traités de commerce ne se présentent pas toujours d'une manière si nette et si tranchée, surtout aujourd'hui où les exclusions sont moins nombreuses, et où un gouvernement admet pour la plupart du temps plusieurs nations aux mêmes avantages sous la rubrique de ce mot sacramentel : « A l'instar des nations les plus favorisées. » Toutefois il n'est pas difficile de se convaincre, en étudiant les faits, que l'influence des traités de commerce est, dans la situation actuelle de l'industrie et du négoce, à peu près insaisissable si elle n'est pas négative, et que cette incomplète réciprocité qu'on crée entre deux nations pour les transactions mercantiles manque en général son effet.

Cependant, objectera-t-on, c'est le seul moyen d'arriver graduellement à l'abaissement des tarifs, à un régime douanier plus en harmonie avec les nécessités du commerce et de l'industrie, et de réaliser enfin, jusqu'à un certain point, les théories recommandées par la science. Nous avons déjà fait remarquer que l'intérêt national n'exigerait pas la réciprocité; que des mesures uniformément appliquées, des concessions accordées sans exclusion et sans compensation exerçaient une action plus salutaire sur les échanges et sur les transactions que d'étroites stipulations qui mettaient toujours un certain nombre de peuples au ban du marché indigène. L'Angleterre et la Sardaigne ont tout récemment donné l'exemple d'un remaniement spontané des tarifs et d'un abaissement des taxes à l'entrée sur une infinité de matières. De pareilles mesures sans doute n'ont été prises qu'après une longue étude des besoins de la production et de la consommation intérieure. Le premier ministre de la Grande-Bretagne, lorsqu'il proposa en 1842 au Parlement d'abaisser les droits sur une série de marchandises étrangères, ne songea point alors aux traités de commerce qu'il aurait à conclure éventuellement. La mesure lui paraissait bonne indépendamment de toute espèce de réciprocité, et il la fit adopter. L'Angleterre, dans cet ordre de faits et d'idées, il faut l'avouer, rarement se trompe, et l'état de ses manufactures lui conseille d'ailleurs une circonspection qui exclut l'idée d'une simple expérimentation ou d'un essai. L'Angleterre est aujourd'hui convaincue que le salut de son commerce et de son industrie dépend en grande partie de l'abaissement de ses propres barrières, et une fois entrée dans cette voie, elle n'en sortira plus. La Sardaigne, par la promulgation du tarif de septembre 1842, a aussi donné un exemple à suivre. Certes les manufactures du Piémont et de la Savoie sont bien moins avancées que celles de l'Angleterre et de la France; cependant le cabinet de Turin n'a pas hésité à réduire les droits sur un grand nombre de produits fabriqués, bien convaincu qu'une pareille initiative serait autrement favorable au *travail national* que l'application des théories du système mercantile. Notre conclusion ressort des deux faits que nous venons de citer. La France, dans l'intérêt de sa production, des transactions de tout genre et de sa prospérité générale, doit modifier graduellement, avec mesure et prudence toutefois, son système douanier; réduire les droits, leur ôter leur caractère protecteur, et ne les conserver que comme source d'un revenu pour l'État. Ces changements peuvent bien être déterminés, jusqu'à un certain point, par les mouvements industriels et commerciaux qui s'opèrent chez les nations étrangères; cependant ils doivent toujours prendre leur source dans le principe de la liberté des transactions et dans cette question désormais jugée : «Que les restrictions sont un mauvais moyen pour développer chez un peuple l'aisance et la richesse publiques. »

Théodore Fix.

———

EXTRAIT DU *Journal des Économistes*
N^{os} de novembre 1843 et février 1844.

Imprimerie de HENNUYER et TURPIN, rue Lemercier, 24. Batignolles.

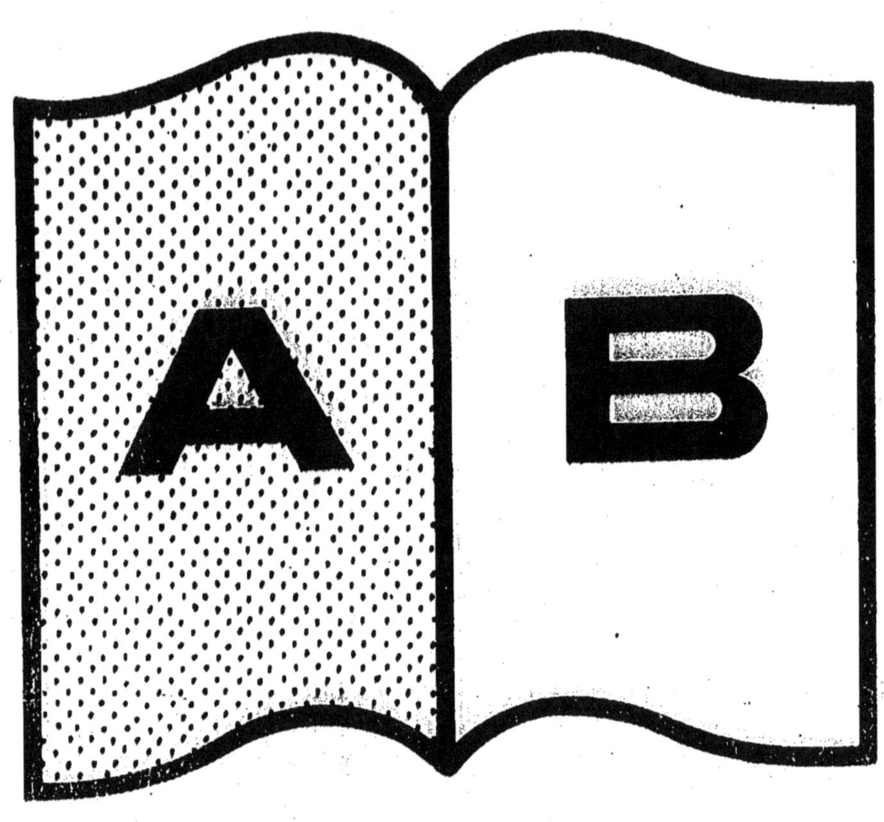

Contraste insuffisant

NF Z 43-120-14